AF283756

ELBA MINOR · 14

Jean Genet

REMBRANDT

Traducción de Ernesto Hernández Busto

ᴄELBA

Título original: *Rembrandt*

© Éditions Gallimard, 2016

© de la traducción: Ernesto Hernández Busto, 2025

Imagen de la cubierta:
Autorretrato, (detalle), 1659
National Gallery, Washington DC

De esta edición:
© Editorial Elba, S.L., 2025
Avenida Diagonal, 579
08014 Barcelona
Tel.: 93 415 89 54
editorial@elbaeditorial.com

CONTENIDO

EL SECRETO DE REMBRANDT

Una gran bondad. Y es para abreviar que uso esa palabra. Su último retrato parece decir: «Seré tan inteligente que hasta los animales salvajes conocerán mi bondad». La moral que lo impulsa no es la vana búsqueda de un adorno del alma, es su oficio el que la exige, o más bien la lleva consigo. Es posible darse cuenta de ello, ya que por una casualidad casi única en la historia del arte, un pintor, que posa ante el espejo con una complacencia casi narcisista, nos dejará, paralelamente a su obra, una serie de autorretratos en los que podemos leer la evolución de su método y el efecto de esta evolución en el hombre. ¿Eso, o bien al revés?

En los cuadros pintados antes de 1642, Rembrandt está, por así decirlo, enamorado del boato, pero un boato que sólo existe en la escena representada. La suntuosidad se encuentra –retratos del Oriente, escenas bíblicas– en la riqueza de los decorados y

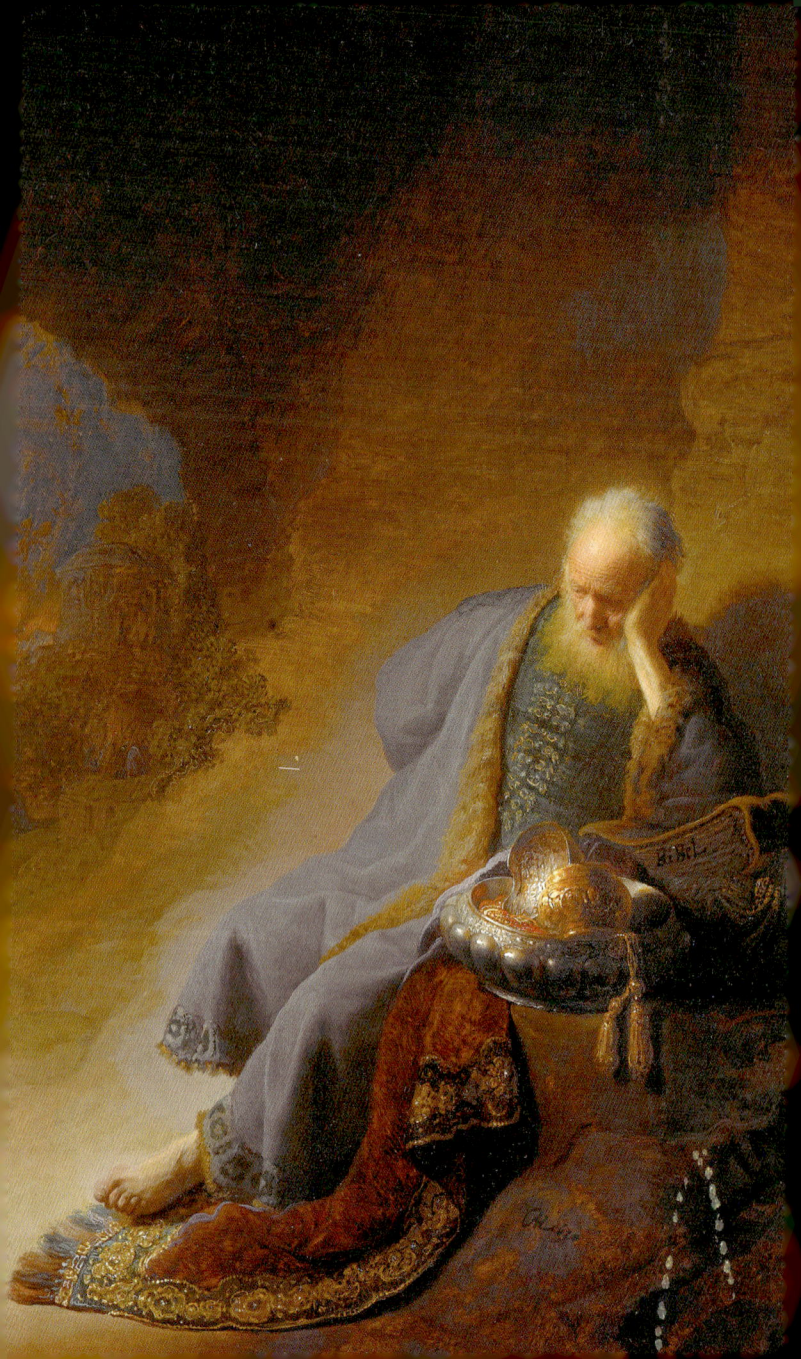

los estrafalarios atuendos; Jeremías lleva una túnica muy bonita, apoya el pie sobre un ostentoso tapiz, los jarrones sobre la roca son de oro, es visible. Sentimos que Rembrandt se complace en inventar o representar la riqueza convencional, del mismo modo que se complace en pintar esa extravagante *Saskia como Flora*, o a sí mismo con Saskia sobre sus rodillas, magníficamente vestidos, levantando su copa. Por supuesto, desde su juventud, ha pintado a gente humilde –ataviada a menudo con lujosos oropeles–, pero parece que Rembrandt haya soñado con el boato, al mismo tiempo que su predilección se concentraba en la humildad de los rostros. Una sensualidad –salvo raras excepciones– que fluye de su mano cuando va a pintar un tejido, por ejemplo, pero que se inhibe en cuanto toca el rostro. Incluso de joven, prefería los rostros trabajados por la edad.

¿Por simpatía, quizás, por el gusto de la dificultad de pintar (o de la facilidad de ha-

Jeremías lamenta la destrucción de Jerusalén, 1630

cerlo), por el problema que plantea el rostro de un abuelo? ¿Quién sabe? Pero estos rostros son aceptados en su «pintoresquismo». Los pintó con placer y delicadeza pero, incluso el de su madre, sin amor. Se aprecian escrupulosamente las arrugas, las patas de gallo, los pliegues de la piel, las verrugas, pero no se extienden por el interior del lienzo, no se nutren del calor que desprende un organismo vivo; son ornamentos. Igual que en los dos retratos de la señora Trip (National Gallery), esas dos cabezas de vieja que se descomponen, que se pudren ante nuestros ojos, pintadas con verdadero amor. Más adelante tendré que explicar lo que digo, por qué utilizo esta palabra cuando el método del pintor se vuelve tan cruel. Aquí, la decrepitud ya no es considerada y representada como algo pintoresco, sino como una cosa tan adorable como cualquier otra. Si lavamos la cara de *Su madre leyendo*, bajo las arrugas encontraremos a la encantadora joven que sigue siendo. A la señora

Saskia como Flora, 1635

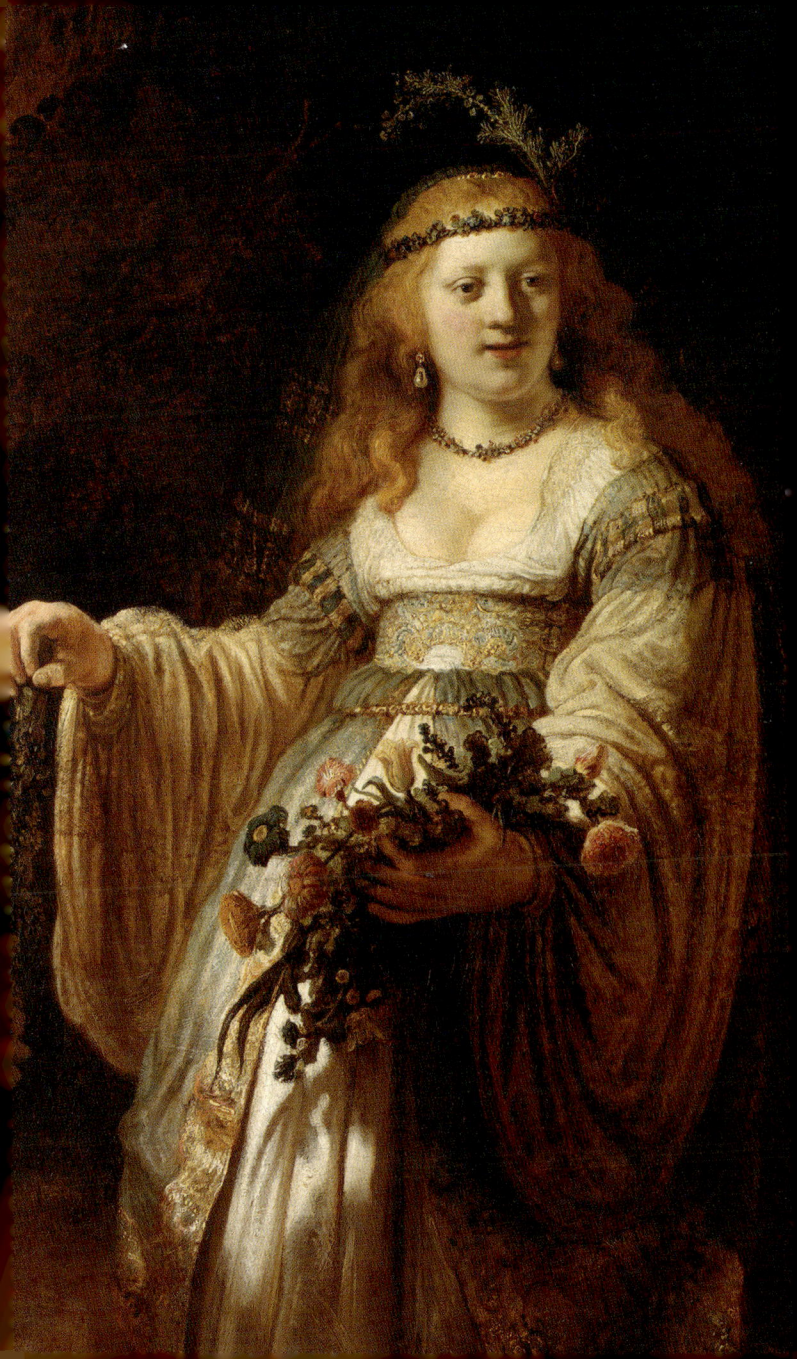

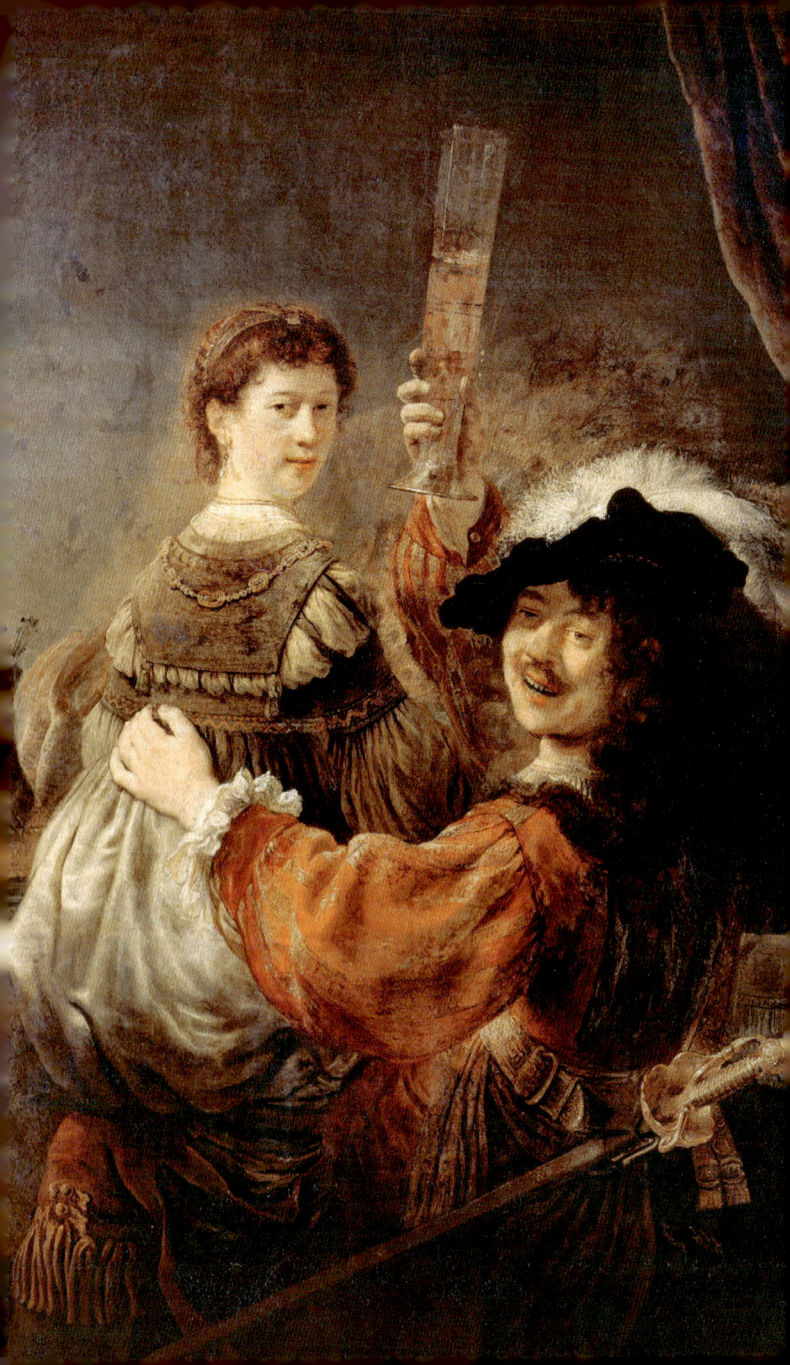

Trip no le lavaremos su decrepitud, ella no es más que eso, que aparece con toda su fuerza. Está ahí. Deslumbrante. De una evidencia tal que traspasa el velo de lo pintoresco.

Agradable a la vista o no, la decrepitud existe. Está llena de... ¿Alguna vez han tenido una herida en el codo, por ejemplo, que se haya infectado? Hay una costra. La levantas con las uñas. Por debajo, los filamentos de pus que alimentan esa costra son larguísimos. ¡Cielos!, si es todo el organismo el que trabaja *para* esa herida. Pues lo mismo pasa con cada centímetro cuadrado del metacarpo o del labio de la señora Trip. ¿Quién ha conseguido eso? ¿Un pintor que sólo quería mostrar lo que existe y que, al pintarlo con exactitud, no podía sino representarlo con toda su fuerza y, por lo tanto, con su belleza? ¿O se trata más bien de un hombre que, habiendo comprendido –¿a fuerza de meditación?– que todo tiene su dignidad, debe esforzarse por remarcar lo que parece desprovisto de ella?

Autorretrato con Saskia o *El hijo pródigo en la taberna*, 1635

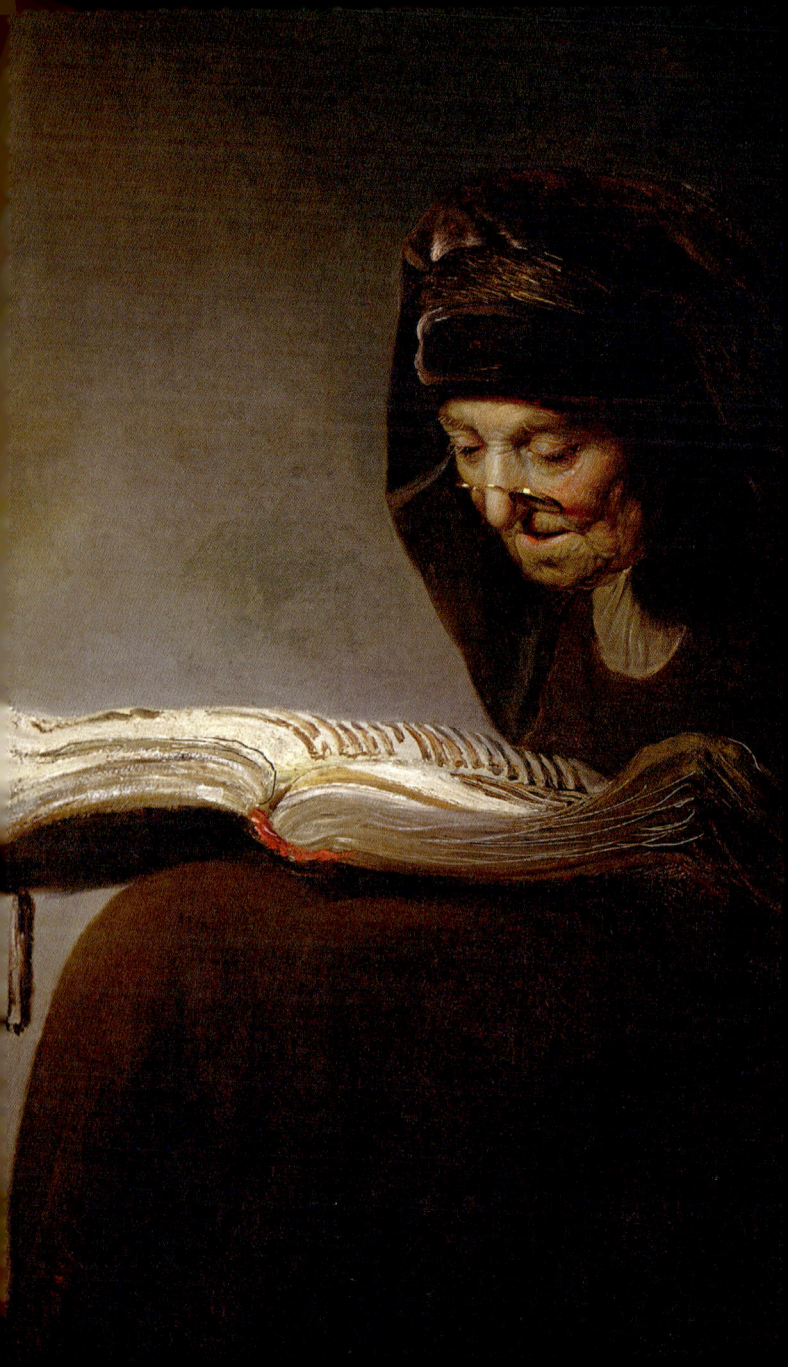

Se ha escrito que Rembrandt, a diferencia de Hals, por ejemplo, no captaba bien los rasgos de sus modelos; en otras palabras, le costaba ver la diferencia entre un hombre y otro. Si él no la veía, ¿era quizás porque no existía? ¿O porque se trata de un trampantojo? Sus retratos, en efecto, rara vez revelan un rasgo del carácter del modelo: el hombre que está ahí no es, *a priori*, ni débil ni cobarde, ni alto ni bajo, ni bueno ni malo: es capaz de ser todas estas cosas en un momento dado. Pero nunca aparece el trazo caricaturesco aportado por un juicio previo. Tampoco suele haber rastro, como sí lo hay en Frans Hals, del chispeante, aunque fugaz humor: es posible, pero como todo lo demás.

Salvo Titus –su hijo– sonriendo, ni un solo rostro sereno. Todos parecen acarrear un drama extremadamente pesado, turbio. Los personajes, casi siempre, con actitud recogida, concentrados, son como un tornado detenido por un segundo. Cargan con un pesado destino, sobre el que han reflexionado

*La madre de Rembrandt
leyendo, c. 1629*

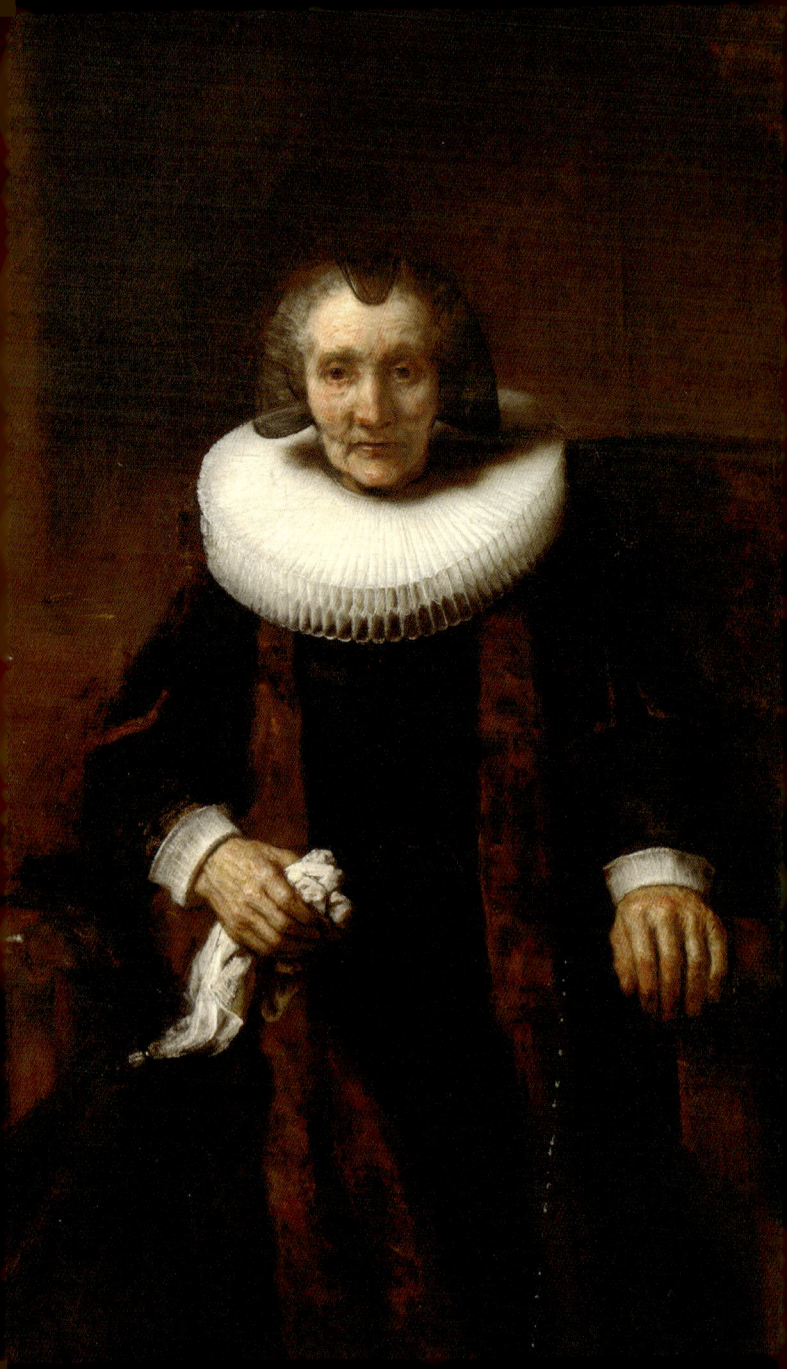

minuciosamente por ellos mismos, y pareciera que, de un momento a otro, van a acabar explotando. Mientras que el drama de Rembrandt no parece ser otro que su mirada sobre el mundo. Quiere conocerlo para liberarse de él. Sus figuras, todas, son conscientes de la existencia de una herida, y se refugian en ella. Rembrandt sabe que está herido, pero quiere curarse. De ahí la impresión de vulnerabilidad que nos deja la contemplación de sus autorretratos, y la impresión de fuerza confiada cuando estamos frente a los demás cuadros. Sin ninguna duda, este hombre, mucho antes de su madurez, había reconocido la dignidad de cada ser y de cada objeto, incluso los más humildes, pero al principio fue como por una especie de apego sentimental a su origen. En sus dibujos, la delicadeza con que trata las actitudes más familiares no está exenta de sentimentalismo. Al mismo tiempo, su sensualidad natural, junto con su imaginación, le hacía desear el lujo y soñar con el boato.

Retrato de Margaretha de Geer,
esposa de Jacob Trip, 1661

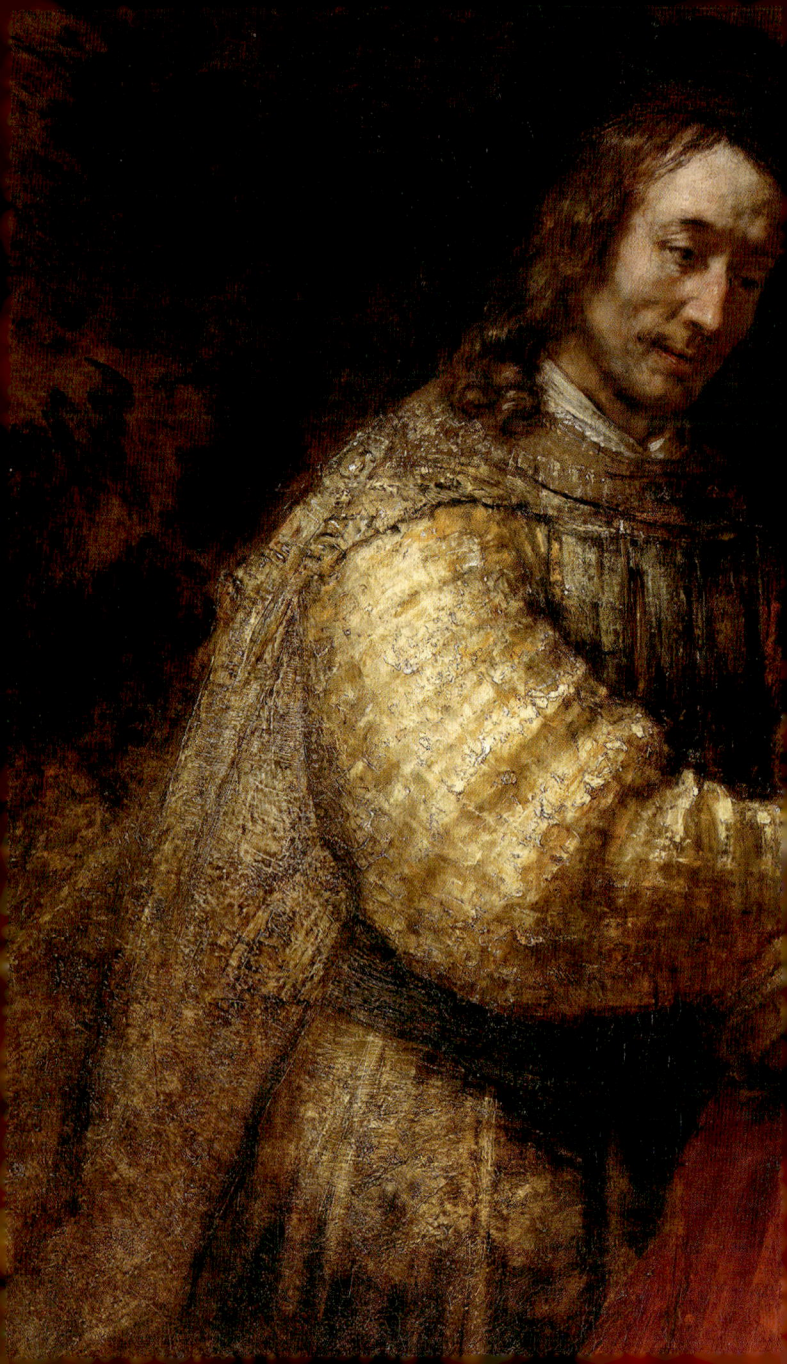

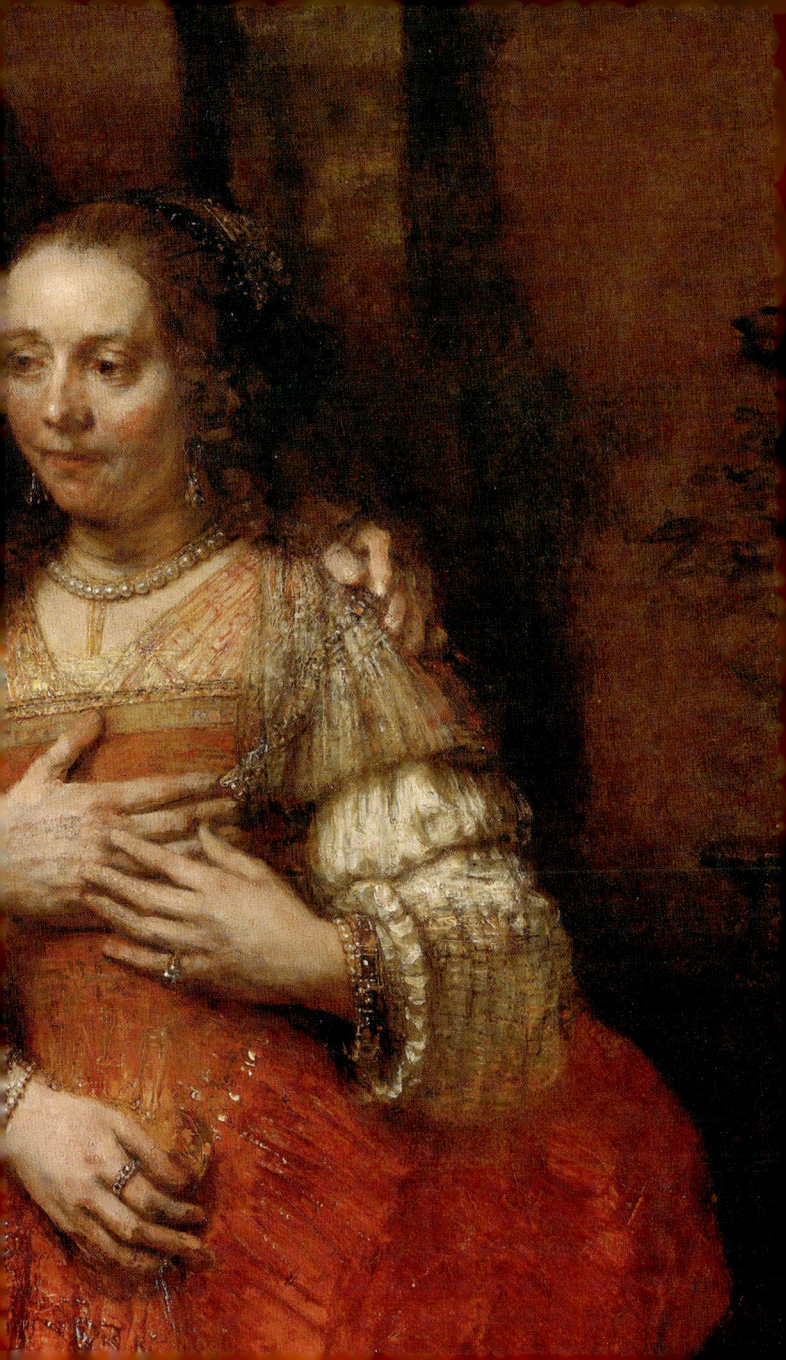

La lectura de la Biblia excita su imaginación: arquitectura, jarrones, armas, pieles, alfombras, turbantes... Es el Antiguo Testamento, sobre todo, y su teatralidad lo que lo inspira. Pinta. Es famoso. Se hace rico. Está orgulloso de su éxito. Saskia se cubre de oro y terciopelos... Y muere. Si lo único que queda es el mundo, y la pintura para abordarlo, el mundo ya no tiene ningún valor –o sólo lo tiene para ser pintado–. No *es* nada más, y nada menos, que *eso*.

Pero no nos deshacemos de tantos hábitos mentales ni de tanta sensualidad de la noche a la mañana. Sin embargo, parece como si, poco a poco, él tratase de deshacerse de ellos, pero no rechazándolos, sino transformándolos, para que le sirvan. El boato sigue ahí –hablo de un boato imaginario, soñado– y con una cierta teatralidad. Para defenderse de ellos, los someterá a un curioso tratamiento: exaltará las suntuosidades convencionales y al mismo tiempo las

En páginas anteriores:
La novia judía, c. 1665-1669

distorsionará de tal manera que será imposible identificarlas. Irá más lejos. Ese brillo que las hace parecer preciosas, lo transmitirá a las materias más miserables, de tal modo que todo se confundirá. Ya nada será lo que parece, pero lo que ilumina, mortecinamente, la materia más humilde, es en efecto el fuego aún no apagado de un viejo gusto por el boato que, en lugar de estar *sobre* el lienzo y el objeto representado, será colocado *dentro*.

Esta operación, realizada lenta y quizás oscuramente, le enseñará que cada rostro es igual a otro y que devuelve –o conduce– a una identidad humana que vale tanto como cualquier otra.

En cuanto a la pintura, este hijo de molinero que a los veintitrés años sabía pintar, y de manera admirable, a los treinta y siete ya no sabrá hacerlo. Es entonces cuando lo aprenderá todo, con una vacilación casi torpe, sin arriesgarse nunca al virtuosismo. Y poco a poco irá descubriendo de nuevo que cada objeto posee su propia magnificencia, ni mayor ni menor que la de cualquier otro; él, Rembrandt, debe restituirla, y esto lo lle-

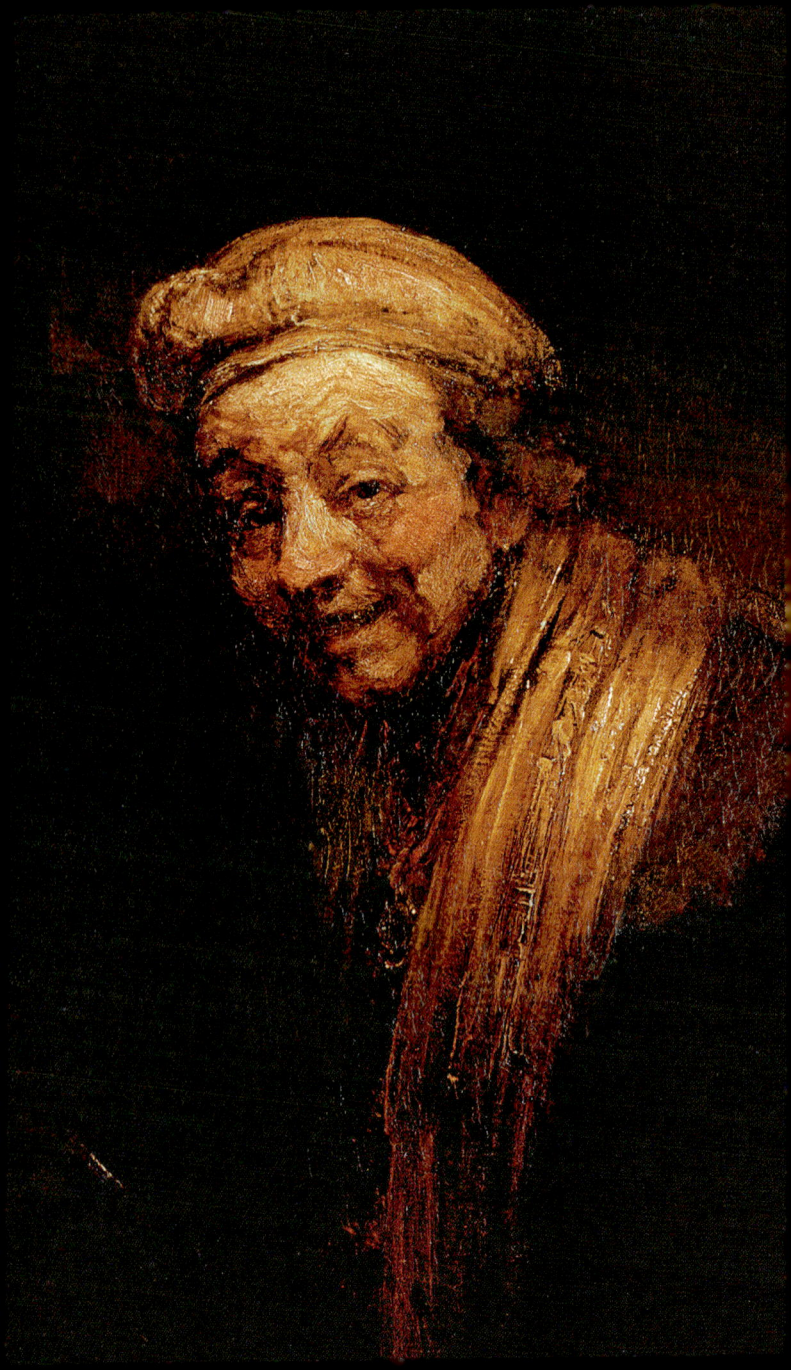

va a ofrecernos la singular magnificencia del color. Podría decirse que es el único pintor del mundo que respeta a la vez la pintura y el modelo, exaltando a la vez una y otro, a una a través del otro. Pero lo que nos conmueve con tanta fuerza en esos cuadros, que tienden tan desesperadamente a la exaltación de todo –sin intención jerárquica– es una especie de reflejo, o más bien de brasa interior, tal vez no nostálgica, pero aún mal apagada, y que es lo que queda de esos fastos soñados y de una teatralidad casi consumida por completo, señales de que una vida fue sustituida, como cualquier otra, por la convención, y que se le dio un uso. ¡Y de qué manera! Sin destruirla, sino transformándola, retorciéndola, desgastándola, quemándola. Son los signos de un boato exterior los que ahora vienen a iluminar, aquí, cualquier cosa, pero desde dentro.

¿Rembrandt? Salvo en algunos retratos fanfarrones, desde su juventud todo revela a un hombre inquieto en pos de una verdad

Autorretrato, 1668

que se le escapa. La agudeza de su ojo no se explica completamente por la necesidad de mirarse al espejo. A veces, incluso parece casi mezquino (¡recordemos que llega a pagar para que metan en la cárcel a un acreedor!), vanidoso (la arrogancia de la pluma de avestruz sobre el sombrero de terciopelo... y las cadenas de oro...), poco a poco, la dureza del rostro se irá suavizando. Frente al espejo, la complacencia narcisista se ha convertido primero en preocupación y búsqueda apasionada, luego en temblor.

Desde hace algún tiempo, vive con Hendrickje, y esta maravillosa mujer (dejando a un lado los de Titus, sólo los retratos de Hendrickje están llenos de la ternura y el reconocimiento propios del viejo oso sublime) debe satisfacer tanto su sensualidad como su necesidad de ternura. En sus últimos autorretratos ya no hay ninguna indicación psicológica. Si insistimos, podríamos ver en ellos un aire de bondad. ¿O de desapego? Sea lo que sea, aquí es lo mismo.

Hacia el final de su vida, Rembrandt se volvió bueno. Ya sea retrayéndola, rompiéndola o enmascarándola, la maldad forma una pantalla entre el mundo y él. No sólo la crueldad, sino todas las formas de agresión, y todo lo que llamamos rasgos de carácter, nuestros estados de ánimo, nuestros deseos, el erotismo y las vanidades. ¡Así que rompe la pantalla para ver el mundo de cerca! Pero esta bondad –o desapego, si se quiere– no buscaba observar una regla moral o religiosa (sólo en sus momentos de abandono puede un artista tener fe, si es que alguna vez la tiene), ni ganar virtud alguna. Si somete al fuego a lo que podríamos llamar sus personajes, es para tener una visión más pura del mundo y, a través de ella, conseguir una obra más justa. Supongo que en el fondo le importaba un bledo ser bueno o malo, iracundo o paciente, rapaz o generoso... Tenía que ser sólo una mirada y una mano. Encima, y por ese camino egoísta, tenía que ganar –¡qué palabra!– esa especie de pureza, tan evidente en su último retrato que resulta casi hiriente. Pero es por el estrecho camino de la pintura que lo consigue.

Si tuviera que resumir, esquemáticamente, a grandes rasgos, este proceso –uno de los más heroicos de los tiempos modernos– diría que en 1642 –por entonces el hombre ya no era un cualquiera– la desgracia sorprende y desespera a un joven ambicioso lleno de talento, pero también de violencia, de vulgaridades y exquisitas delicadezas.

Sin esperanza de ver reaparecer algún día la felicidad, intenta, con terrible esfuerzo, pues la pintura es lo único que le queda, destruir en su obra y en sí mismo todos los signos de la antigua vanidad, signos también de su felicidad y de sus sueños. Quiere, al mismo tiempo, representar el mundo, ya que ése es el propósito de la pintura, y, a la vez, volverlo irreconocible. ¿Se da cuenta enseguida? Esta doble exigencia lo lleva a dar a la pintura como materia una importancia igual a la que debe representar luego, poco a poco, esta exaltación de la pintura; ya que no puede realizarse de forma abstracta (¡aunque en *La novia judía*, la manga es una pintura abstracta!), ella lo conduce a la exaltación de todo lo que va a ser representado y que, sin embargo, quiere hacer irreconocible.

Este esfuerzo lo lleva a deshacerse de todo lo que pudiera reconducirle a una visión diferenciada, discontinua, jerarquizada del mundo: una mano vale lo mismo que un rostro, un rostro lo que una esquina de la mesa, una esquina de la mesa lo que un palo, un palo lo que una mano, una mano lo que una manga... y todo esto, que puede ser cierto en otros pintores –pero ¿quién, hasta este punto, ha hecho perder a la materia su identidad para exaltarla mejor?–, todo esto, digo, remite primero a la mano, a la manga, luego a la pintura, sin duda, pero a partir de ese momento, pasa sin cesar de una cosa a la otra, y en una persecución vertiginosa, hacia la nada.

Y también han pasado la teatralidad y la suntuosidad convencionales: ¡ahora, quemadas, consumidas, sólo sirven a la solemnidad!

Entre 1666 y 1669 debía haber en Ámsterdam algo más que los cuadros de un viejo estafador (¿será cierta la historia de las planchas de grabado retocadas?) y la ciudad. Allí estaba lo que quedaba de un personaje menguado al extremo, casi desaparecido, que iba de la cama al caballete, del caballete al retrete –donde aún garabateaba con sus uñas sucias– y lo que quedaba difícilmente podía ser otra cosa que una bondad cruel, cercana, no muy lejos de la imbecilidad. Una mano agrietada que sostenía pinceles mojados en rojo y marrón, un ojo puesto en los objetos, sólo eso, pero la inteligencia que unía el ojo con el mundo carecía de espíritu.

En su último retrato, ríe dulcemente. Tranquilamente. Sabe todo lo que un pintor puede aprender. Y ante todo sabe esto (o eso creemos): que el pintor está por completo en la mirada que va del objeto al lienzo, pero sobre todo en el gesto de la mano que va del pequeño charco de color al lienzo.

El pintor está todo allí, en el camino tranquilo y seguro de la mano. No hay más que eso en el mundo: ese ir y venir tranquilo, tembloroso, en que se han transformado todos los fastos, las suntuosidades, los fantasmas. Legalmente, ya no le queda nada. Gracias a una triquiñuela legal, todo ha ido a parar a las manos de Hendrickje la Admirable y las de Titus. Rembrandt ya ni

El regreso del hijo
pródigo, 1668

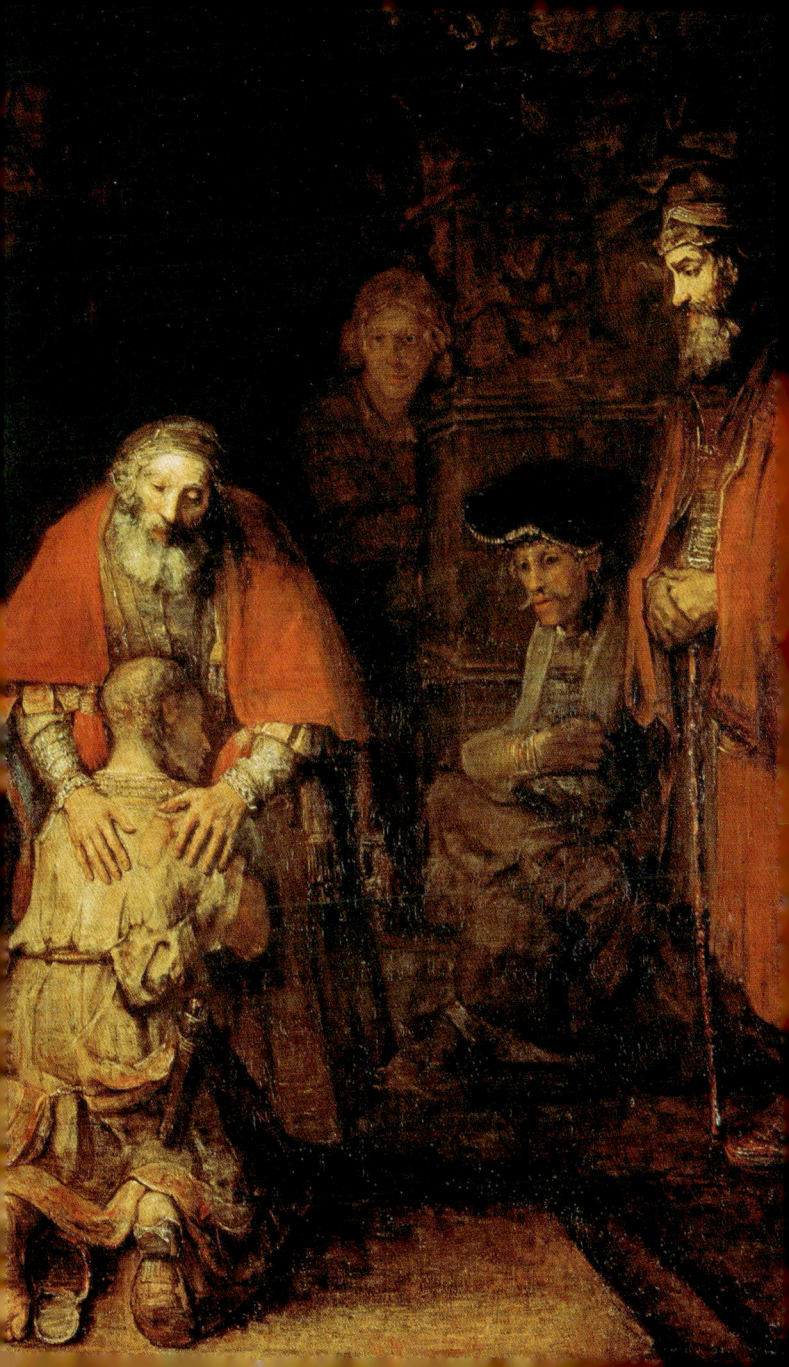

siquiera es propietario de los lienzos que ha pintado.

Un hombre acaba de convertirse por completo en su obra. Ya está en las últimas, pero antes, justo antes, debe aún pintar *El regreso del hijo pródigo*.

Muere antes de caer en la tentación de hacer el payaso.

LO QUE QUEDÓ DE UN REMBRANDT CORTADO EN CUADRADITOS IGUALES Y TIRADO POR EL RETRETE

Sólo este tipo de verdades, las que no pueden demostrarse e incluso son «falsas», aquellas que no pueden llevarse sin absurdo a su extremo, sin negarlas ni negarse uno mismo, son las que deben ser exaltadas por la obra de arte. Nunca tendrán la suerte o la desgracia de ser aplicadas un día. Que vivan para el canto en que se han convertido y que ellas inspiran.

....

Algo que me parecía semejante a una podredumbre estaba corrompiendo mi antigua visión del mundo. Cuando un día, en un vagón, mirando al viajero sentado

Nuestra mirada puede ser vivaz o lenta, eso depende de la cosa mirada, tanto o más que de nosotros. Es por eso que hablo de esa velocidad, por ejemplo, que apresura hacia nosotros el objeto que tenemos delante, o de una lentitud que lo vuelve pesado.

Cuando se posa sobre un cuadro de Rembrandt (sobre aquellos del final de su vida), nuestra mirada se vuelve pesada, un poco bovina. Algo

frente a mí, tuve la revelación de que cada hombre *es tan bueno* como cualquier otro . Yo no sospechaba –o más bien, si lo sabía era oscuramente, porque pronto cayó sobre mí una capa de tristeza, más o menos soportable, pero palpable, y nunca me abandonó– que este conocimiento provocaría una desintegración tan metódica. Detrás de lo que era visible de este hombre, o más lejos –más lejos y al mismo tiempo milagrosa y desoladoramente cerca– en este hombre –cuerpo y rostro sin gracia, feos, con ciertos detalles incluso innobles: bigote sucio; pequeños, pero duros, rígidos, los pelos plantados casi horizontalmente sobre la boca diminuta; boca

la frena, una fuerza seria. ¿Por qué nos quedamos mirando si de entrada no nos cautiva la alegría intelectual que lo sabe todo y de inmediato –del arabesco de Guardi por ejemplo?

Como un olor a establo: cuando, de los personajes, no se ve más que el busto (Hendrickje en Berlín) o sólo la cabeza, no puedo evitar imaginarlos de pie sobre el estiércol. Los senos se hinchan. Las manos están calientes.

Hendrickje de pie junto a una puerta,
1656-1657

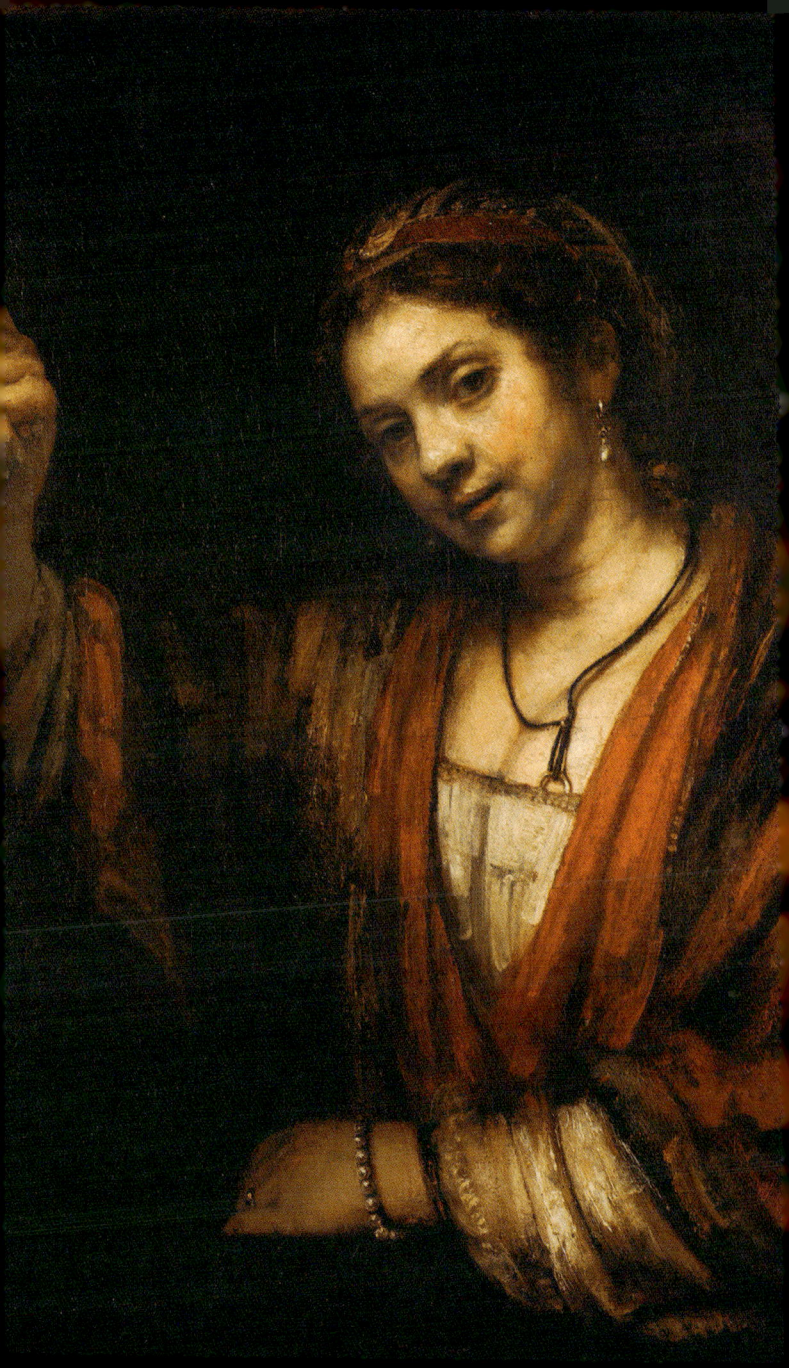

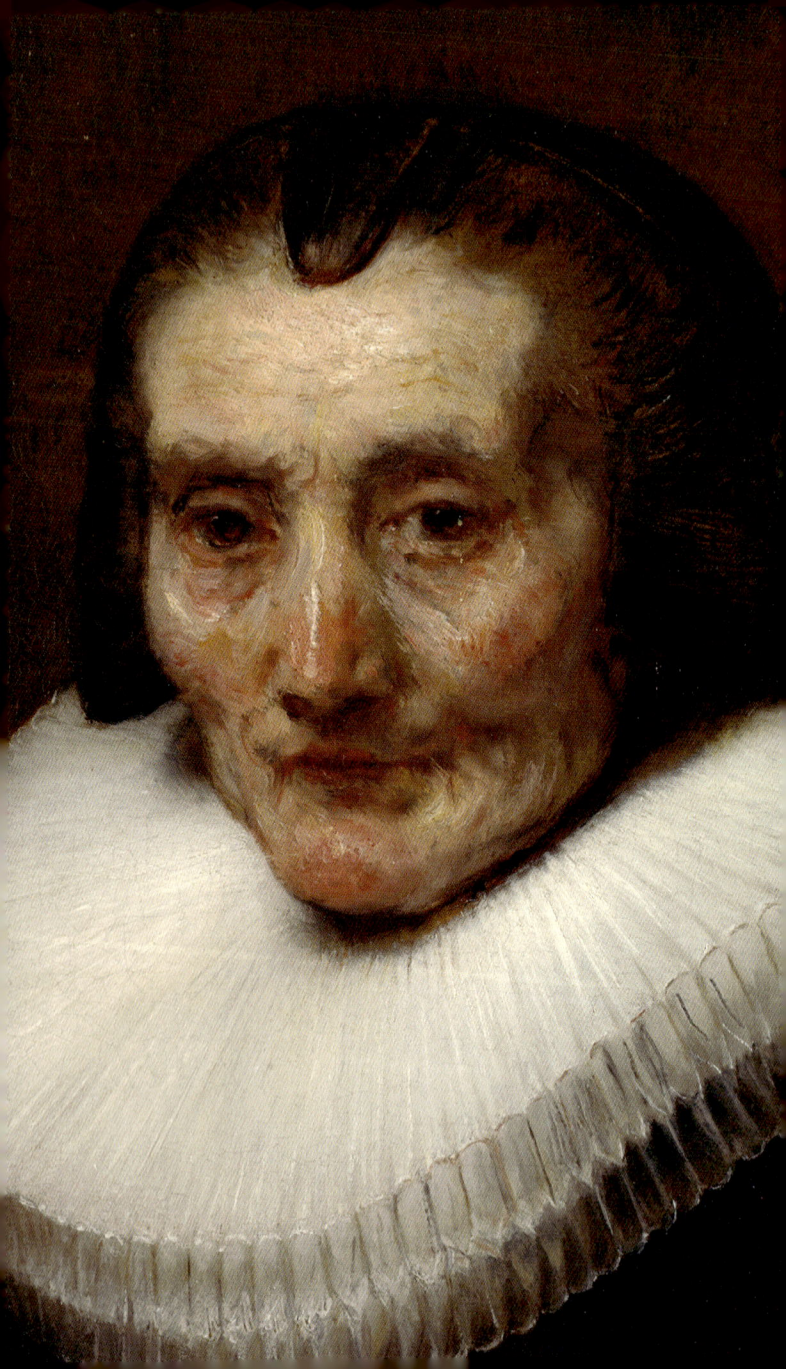

mimada, escupitajos que soltaba entre sus rodillas en el suelo del vagón ya sucio por colillas, papeles, trozos de pan, en fin, todo lo que ensuciaba en aquella época un compartimento de tercera clase, por la mirada de sus ojos que se cruzó con la mía, descubrí, experimentándolo como un shock, una especie de identidad universal para todos los hombres.

¡Pero no! No sucedió tan rápido, y tampoco en ese orden: primero mi mirada chocó (no se cruzó, chocó...) con la del viajero, o más bien se fundió con ella. Ese hombre acababa de levantar los ojos del periódico, y simplemente los posó, probablemente sin darse cuenta, en

Huesudas, nudosas, pero calientes. La mesa de Los síndicos pañeros *está colocada sobre la paja, los cinco hombres huelen el estiércol y las boñigas. Bajo las faldas de Hendrickje, bajo los abrigos ribeteados de piel, bajo las levitas, bajo la extravagante ropa del pintor los cuerpos cumplen bien sus funciones: digieren, calientan, pesan, huelen, cagan. – Por muy delicado que sea su rostro y grave su mirada, la «novia judía» tiene un cu-*

Retrato de Margaretha de Geer,
esposa de Jacob Trip (detalle), 1661

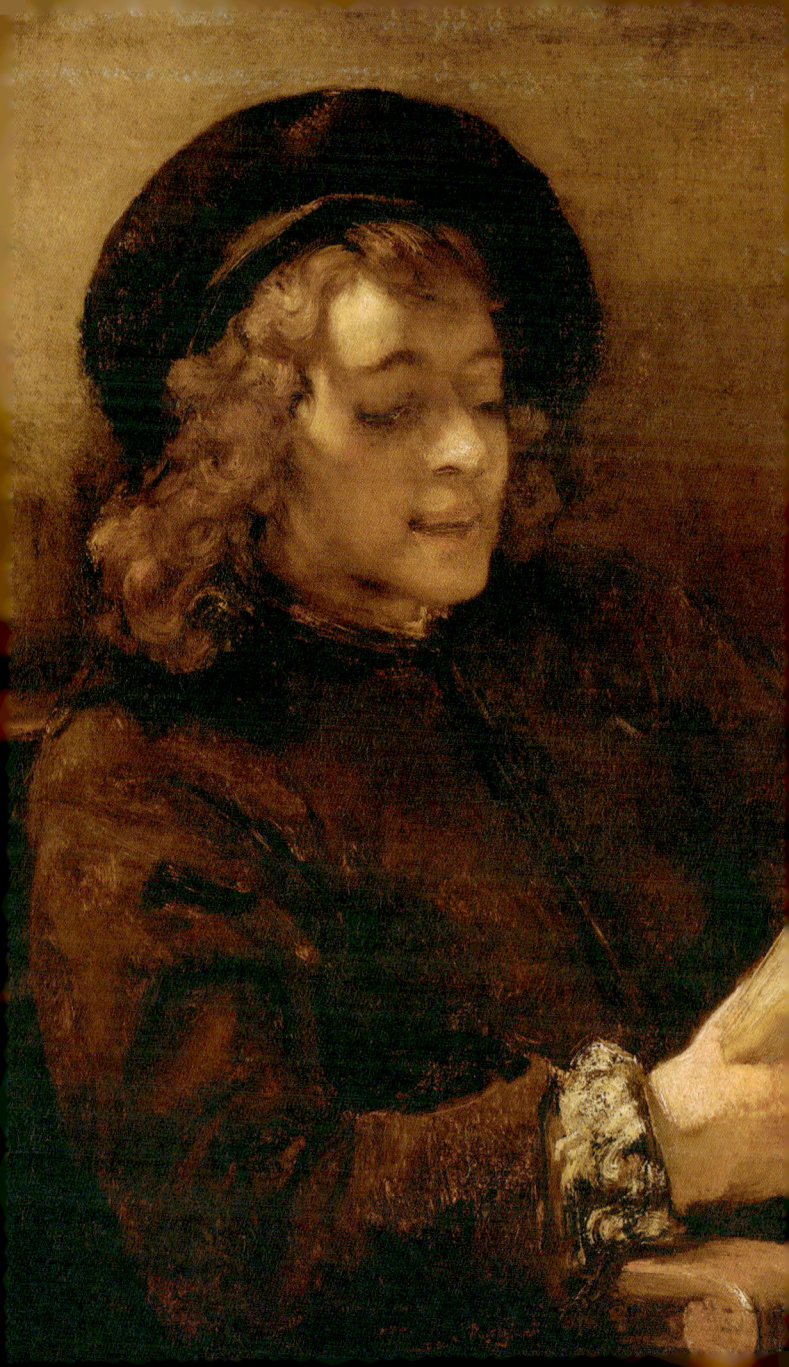

los míos, que, de la misma manera accidental, lo miraban. ¿Sintió de inmediato la misma emoción –y consternación– que yo? Su mirada no era la de otra persona: era la mía la que se estaba encontrando en un cristal, *inadvertidamente, en la soledad y el olvido de mí mismo.* Lo que sentía sólo puedo traducirlo de esta forma: yo fluía desde mi cuerpo, y a través de mis ojos, hacia el cuerpo del viajero *al mismo tiempo que el viajero fluía hacia el mío.* O mejor dicho: *fluí,* porque la mirada fue tan breve que sólo puedo recordarla con la ayuda de ese tiempo verbal. El viajero reanudó su lectura. Aturdido por lo que acababa de descubrir, sólo entonces se me ocurrió examinar al desco-

lo. Puedes sentirlo. Puede levantarse la falda en cualquier momento. Puede sentarse, tiene con qué. La señora Trip también. En cuanto al propio Rembrandt, ni hablemos: desde su primer retrato su masa carnal seguirá acelerándose de un cuadro a otro hasta llegar al último, definitivo, pero no vaciado de sustancia. Después de perder lo que más quería –su madre y su esposa–, se diría que este fortachón va a tratar de perderse, sin

Retrato de Titus van Rijn leyendo, 1656-1657

nocido y tuve la impresión de asco antes descrita: bajo sus ropas arrugadas, raídas y apagadas, su cuerpo debía de estar también sucio y arrugado. Su boca era blanda y estaba protegida por un bigote mal recortado, pensé que probablemente aquel hombre era un cobarde. Pasaba de los cincuenta. El tren siguió atravesando indiferente unos pueblos franceses. Se acercaba la noche. La idea de pasar los minutos del crepúsculo, de la complicidad, con este compañero, me molestaba sobremanera.

¿Qué era lo que había rezumado mi cuerpo... –yo me esc...– ¿y qué era lo que fluía del cuerpo de este viajero?

preocuparse por la gente de Ámsterdam, a desaparecer socialmente.

Querer ser nada es una frase que escuchamos a menudo. Es cristiana: ¿debemos entender que el hombre busca perder o dejar disolverse aquello que, de alguna manera, lo singulariza banalmente, aquello que le da su opacidad, para, el día de su muerte, presentar a Dios la pura transparencia, aunque no sea iridiscente? No lo sé y no me importa.

Retrato de Hendrickje Stoffels, c. 1654

44

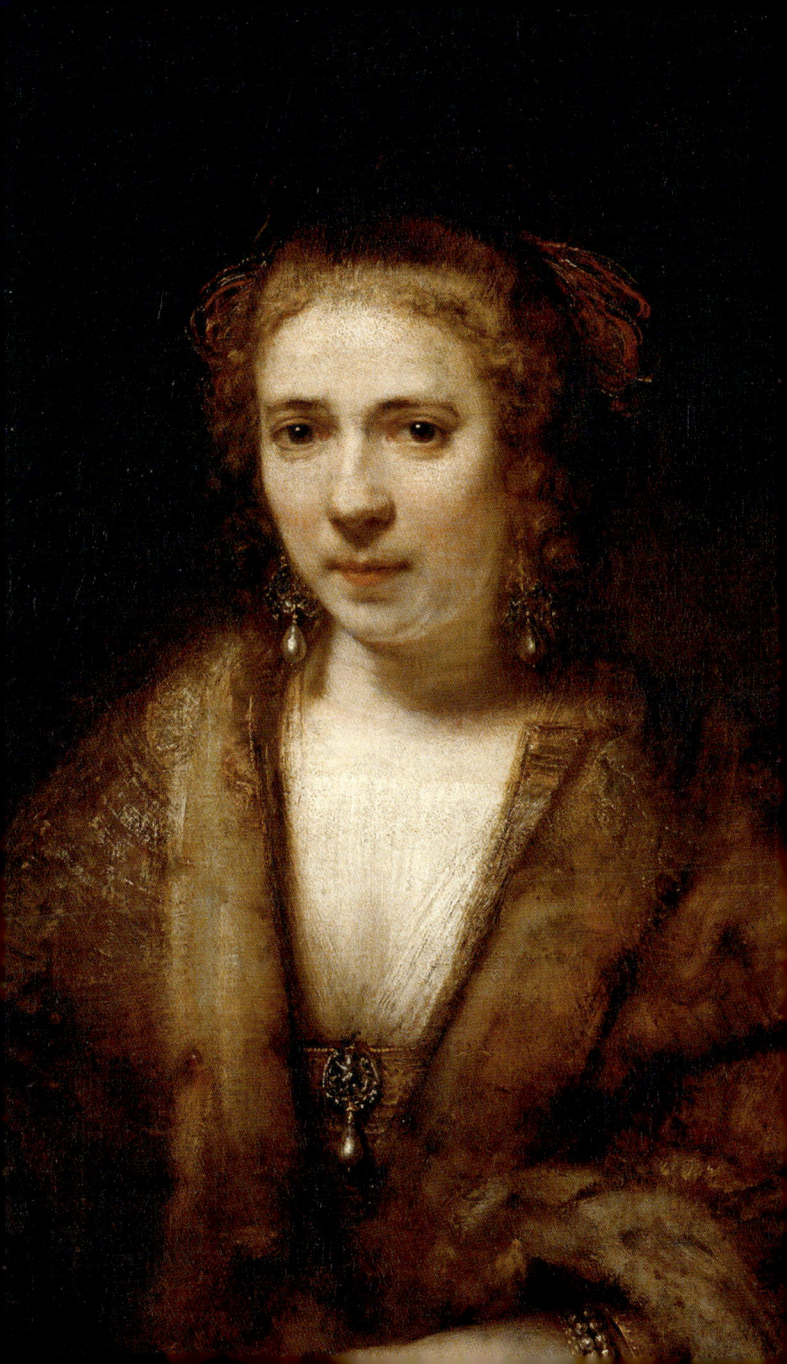

Esta desagradable experiencia no se repitió, ni en su fresca espontaneidad ni en su intensidad, pero sus secuelas en mí nunca se apagaron. Lo que había experimentado en el vagón me parecía una revelación: más allá de los accidentes –en este caso repulsivos– de su apariencia, este hombre ocultaba y luego me permitía detectar algo que lo hacía idéntico a mí. (Escribí esta frase primero, pero luego la sustituí por esta otra, más precisa y más desoladora: yo sabía que era idéntico a ese hombre.) ¿Será porque todo hombre es idéntico a otro?

Sin dejar de meditar durante el viaje, y sumido en una especie de autodesprecio, muy pronto llegué a creer que era esta identidad la que permitía a cada hombre ser tan amado, *ni más ni menos*, como cualquier otro, y

Rembrandt, toda su obra, me hace pensar que no le bastaba con deshacerse de lo que le molestaba para alcanzar esa transparencia antes mencionada, sino que debía transformarla, modificarla, ponerla al servicio de la obra. Despojar al tema de lo anecdótico y colocarlo bajo una luz de la eternidad. Reconocido hoy y mañana, pero también por los muertos. ¿Qué sería una obra ofrecida a los vivos de hoy y de mañana pero no a los muertos de todas las épocas?

la que permitía a cada uno ser amado, igual que cualquier otro; es decir, cuidado y reconocido –querido– hasta con la apariencia más sucia. Eso no fue todo. Mi meditación todavía debía llevarme a esto: esa apariencia, que al principio llamé innoble –la palabra no es demasiado fuerte–, era deseada por esa identidad (esta palabra volvía una y otra vez, pero quizás porque yo no tenía todavía un vocabulario muy rico) que no cesaba de circular entre todos los hombres, y de la que una mirada, en su abandono, daba cuenta. Incluso creí comprender que esta apariencia era la forma provisional de identidad de todos los hombres. Pero esa mirada pura y casi insípida que pasaba de uno a otro entre ambos viajeros, en la que su voluntad no tenía nada que ver, que su voluntad tal

Un cuadro de Rembrandt no sólo detiene el tiempo que hacía fluir el tema hacia el futuro, sino que lo retrotrae a los tiempos más remotos. Con esta operación, Rembrandt apela a la solemnidad. Descubre así por qué, en cada momento, cada acontecimiento es solemne: su propia soledad lo instruye.

Pero también es necesario devolver esa solemnidad al lienzo, y es entonces cuando su gusto por la teatralidad, tan agudo a los veinticinco años, le será muy útil. Es posible que

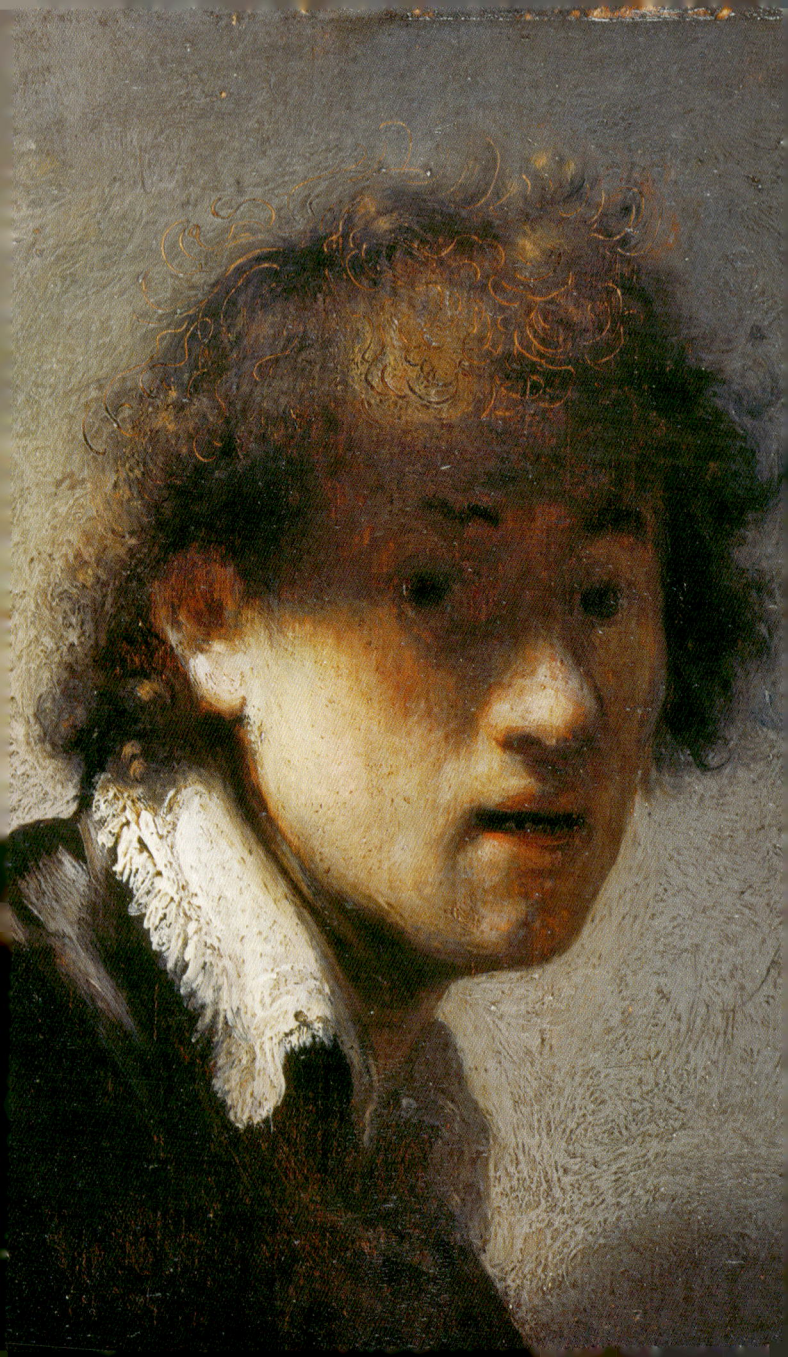

vez hubiera podido impedir, sólo duró un instante y eso bastó para que una profunda tristeza me oscureciera y ya no me abandonase. Viví bastante tiempo con este descubrimiento que voluntariamente mantuve en secreto, y cuyos recordatorios intenté mantener alejados de mí, pero en algún lugar de mi interior había siempre una mancha de tristeza que, de repente, como si una ráfaga la hubiera hinchado, lo oscurecía todo.

«Todo ser humano», me dije tras la revelación, «detrás de su apariencia encantadora o monstruosa a nuestros ojos, conserva una cualidad que parece ser como un recurso extremo, y que como tal, se ubica en un

su inmenso dolor –la muerte de Saskia– distrajera a Rembrandt de todas las alegrías cotidianas y que llenara su luto con la metamorfosis de cadenas de oro, sombreros de plumas y espadas, de valores, o más bien, de fiestas pictóricas. No sé si lloró, este forzudo holandés, pero alrededor del año 1642 vivirá su bautismo de fuego, y poco a poco su naturaleza original, vanidosa y audaz, se verá transformada.

Autorretrato, 1627-1628

dominio muy secreto, irreductible tal vez: eso es lo que hace de él un ser humano.»

Esta equivalencia ¿he creído incluso encontrarla en Les Halles, en los mataderos, en el ojo fijo, pero no sin mirada, de las cabezas de oveja cortadas, colocadas en una pirámide sobre la acera? ¿Dónde debería detenerme? ¿A quién habría asesinado si hubiera matado a ese guepardo que caminaba a grandes zancadas, flexible como un rufián de antaño?

Se recordará que más arriba dije que mis amigos más queridos se refugiaban por completo, estoy seguro, en una herida secreta. O más bien, como escribí «... en un dominio muy secreto, irreductible tal vez...». ¿Estaba hablando de lo mismo? Un ser humano era idéntico a cualquier otro, eso fue lo que me abofeteó. Pero ¿era

Porque a los veinte años, el chaval no tiene muy buen carácter y pasa todo el tiempo delante del espejo. Se ama a sí mismo, es presumido, ¡tan joven y ya ante el espejo! No para arreglarse y salir corriendo al baile, sino para mirarse larga, indulgente y solitariamente: Rembrandt con tres bigotes, cejas fruncidas, pelo revuelto, ojos demacrados, etc. En esta simulada búsqueda de sí mismo no se percibe ansiedad alguna. Si pinta arquitecturas, son siempre arquitecturas operáticas. Luego, poco a poco,

realmente tan raro saber eso, que me maravillaba? ¿Y de qué me podía servir saberlo? En primer lugar, una cosa es saberlo de forma analítica, y otra captarlo por una intuición repentina. (Porque, claro, lo había oído decir a mi alrededor, y lo había leído: que todos los hombres son iguales, e incluso que son hermanos). Pero, ¿a dónde quería llegar? Una cosa sí era segura: ya no podía dejar de experimentar lo que había experimentado en el tren.

No sabría decir cómo había yo pasado de saber que todo hombre se parece a cualquier otro a esta idea de que cada ser humano es todos los seres humanos. Pero la idea ya estaba ahora en mí. Estaba ahí como una certeza. Más claramente –aunque ahora voy a desinflarla un poco– podría haberse ex-

sin apartarse de su narcisismo ni de su gusto por la teatralidad, los irá modificando: el primero para llegar a la angustia, al desconcierto, que superará; lo otro para sacarse las alegrías –igual de demacradas– de la manga de la «novia judía».

A partir de la muerte de Saskia –me pregunto si no la mató, de una forma u otra, si no se alegró de su muerte–, por fin su ojo y su mano quedan libres. A partir de ese momento emprende una especie de desenfreno pictórico:

presado en este aforismo: «En el mundo hay, y nunca ha habido más que, un solo hombre. Él está por completo en cada uno de nosotros, por lo que es nosotros mismos. Cada uno es el otro y los otros. Al crepúsculo, una clara mirada intercambiada –sostenida o apenas insinuada, no supe de qué manera sucedió– nos hizo conscientes de ello. Salvo que un fenómeno, cuyo nombre ni siquiera conozco, parece dividir *ad infinitum* a este hombre único, fragmentándolo aparentemente en accidente y en forma, y haciendo de cada uno de sus fragmentos un extraño para nosotros».

Me explicaba torpemente y lo que experimentaba era aún más confuso y más fuerte que esta idea de la que he hablado y que, más que pensada, era soñada, engendra-

muerta Saskia, el mundo y la opinión pública importaban poco. Hay que imaginarlo, Saskia agonizando y él en su taller, encaramado a una escalera, dislocando el orden de La ronda nocturna. *¿Cree en Dios? No cuando pinta. Conoce la Biblia y la usa.*

Es obvio que todo lo que acabo de decir sólo tiene cierta importancia si aceptamos que es falso. La obra de arte, si está terminada, no permite suposiciones ni juegos intelectuales. Incluso parece distraer la inteligencia o

da, arrastrada o desenterrada por un ensueño más bien mustio.

Ningún hombre era mi hermano: cada hombre era yo mismo, pero aislado, temporalmente, en su apariencia particular. Ahora bien, esta observación no me llevó a examinar, a revisar toda la moral. Con respecto a este yo fuera de mi apariencia particular, no sentía ternura ni afecto. Ni tampoco respecto de esta forma adoptada por el otro –en su prisión; ¿o su tumba?–. Al contrario, tendía a ser tan despiadado con ella como lo era con la forma que respondía a mi nombre y que escribía estas líneas. La tristeza que había caído sobre mí era lo que más me perturbaba. Desde que tuve esta revelación mientras miraba al viajero desconocido, fue imposible ver el mundo como antes.

amordazarla. Pero he jugado.

En cierto modo, las obras de arte nos volverían estúpidos si su fascinación no fuera la prueba –incontrolable, aunque indiscutible– de que esta parálisis de la inteligencia se confunde con la más luminosa certeza. Cuál, no lo sé. En el origen de estas líneas está mi emoción (en Londres hace doce años) ante sus más hermosos cuadros. ¿Qué es lo que conservo, entonces? ¿Por qué? ¿Qué hay en esos cuadros de los que tanto me cuesta salir? ¿Quién es la

Nada era seguro. El mundo de repente flotaba. Me quedé mucho tiempo como disgustado por mi descubrimiento, pero tenía la sensación de que poco después me obligaría a hacer cambios serios, que más bien serían renuncias. Mi tristeza era una señal. El mundo había cambiado. Acababa de perder sus bellos colores y su encanto en un vagón de tercera clase, entre Salon y Saint-Rambert-d'Albon. Les dirigí un saludo nostálgico, y me embarqué, no sin tristeza ni disgusto, en estos caminos que serían siempre más solitarios, y especialmente en estas visiones del mundo que, en lugar de regocijarme, me causaban tanto disgusto.

«Dentro de poco –me dije– no importará nada de aquello que fue tan valioso: amores, amistades, formas, vanidades, nada que tenga

señora Trip? ¿Y ese señor...?

No. Nunca me pregunté quiénes eran estas damas o caballeros. ¿Tal vez es esta ausencia de preguntas, más o menos clara, lo que me motiva? Cuanto más los miraba, menos me recordaban a alguien. No me recordaban a nadie. Me ha hecho falta, sin duda, mucho tiempo antes de llegar a esta idea, desesperante y embriagadora: los retratos realizados por Rembrandt (después de los cincuenta años) no remiten a nadie identificable. Nin-

que ver con la seducción.»

Pero aquella mirada posada sobre el viajero, y tan atrozmente reveladora, ¿acaso había sido posible por un estado de ánimo muy antiguo, debido a mi propia vida, o por alguna otra razón? No estaba muy seguro de que otro hombre hubiera podido sentirse fluir, a través de su mirada, hacia el cuerpo de otro, ni de que el significado para él de esta sensación hubiera sido el que yo he resumido aquí. Siempre tentado a poner en duda la *plenitud* del mundo, ¿quizás aquí también intentaba deslizarme en sobres individuales para negar mejor la singularidad?

«Dentro de poco ya nada importará…» ¿O nada cambiará? Si cada sobre esconde, preciosamente, la misma identidad, cada sobre es singular y logra establecer en-

gún detalle, ningún rasgo fisonómico remite a un rasgo de carácter, a una psicología particular. ¿Están despersonalizados por la esquematización? Para nada. Pensemos en las arrugas de Margaretha Trip. Cuanto más los miraba, esperando captar, o acercarme, a la personalidad, como decimos, para descubrir su identidad particular, más huían –todos– en una fuga infinita, y a la misma velocidad. Sólo el propio Rembrandt –quizás por la agudeza de su mirada al escrutar su propia imagen–

tre cada uno de nosotros una oposición que parece irremediable, crear una variedad innumerable de individuos que se quieren: los unos a los otros. Tal vez lo único precioso y real de cada ser humano fuera esta singularidad: «su» o «ella». ¿Su bigote, sus ojos, su pie zambo, su labio leporino? ¿Y si sólo tuviera, para enorgullecerse, el tamaño de «su» polla? Pero esta mirada pasó del viajero desconocido a mí, y se volvió certeza tan pronto como uno y el otro fueron uno, al mismo tiempo yo o él, y yo y él? ¿Cómo podemos olvidar esta secreción?

Prosigamos. Sabiendo lo que acababa de aprender, no se trataba de realizar mis esfuerzos según las indicacio-

conservó algo de particularidad: al menos la atención. Pero los demás, una vez descartada como insignificante esta profunda tristeza, *huyeron sin permitirme captar nada de ellos. ¿Era insignificante esta tristeza? ¿La tristeza de estar en el mundo? Nada más que la actitud que* naturalmente *asumen los seres cuando están solos, esperando actuar, de esta o de aquella manera. El propio Rembrandt, en su retrato de Colonia, donde se ríe.*

La novia judía (detalle),
c. 1665-1669

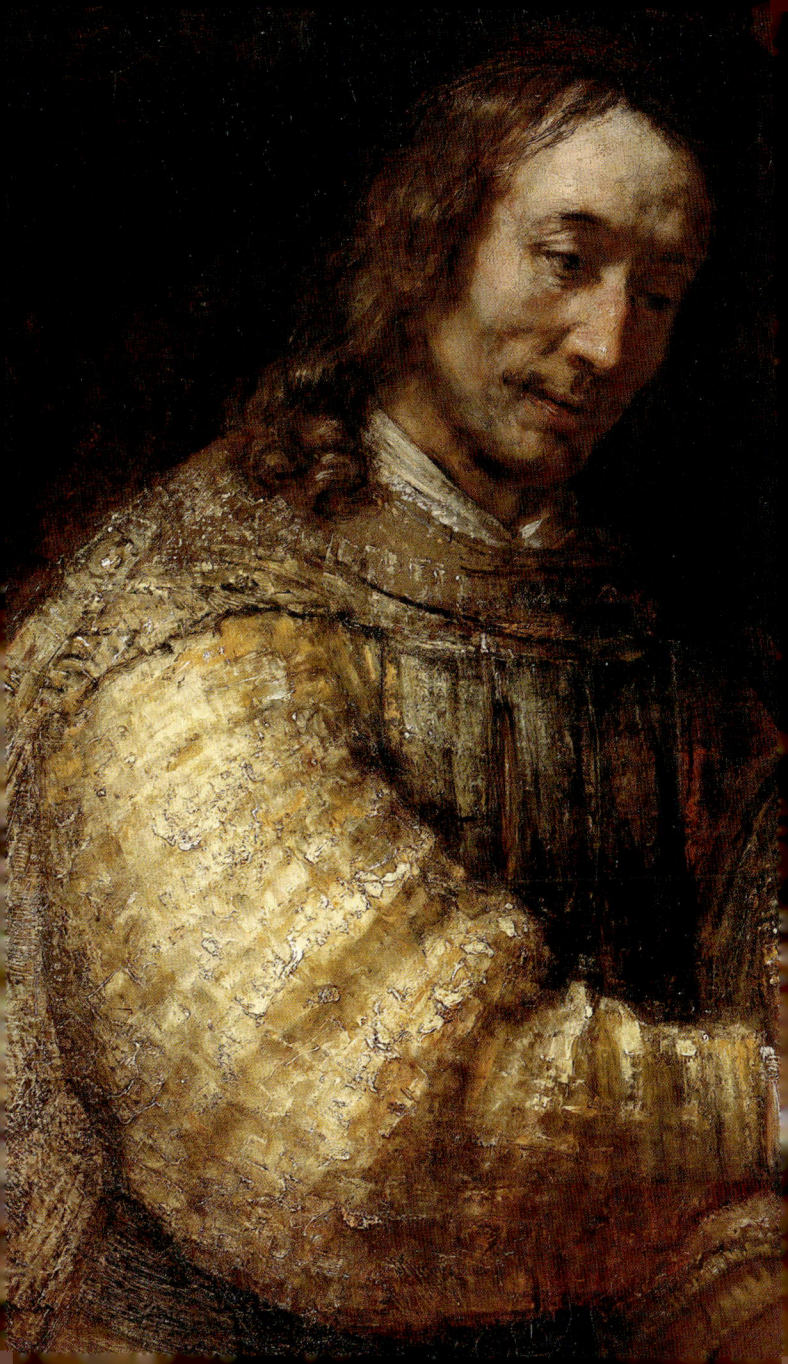

nes de la revelación, para disolverme en una contemplación aproximada. Simplemente ya no podía evitar saber lo que sabía, y debía a toda costa buscar las consecuencias, cualesquiera que fuesen. Puesto que varios incidentes en mi vida me habían obligado a dedicarme a la poesía, tal vez el poeta debía utilizar este nuevo descubrimiento para sí mismo. Pero antes que nada tenía que darme cuenta de esto: los únicos momentos en mi vida que podía considerar verdaderos, al desgarrar mi apariencia y dejar expuesto –¿qué? ¿Un *vacío sólido* que seguía perpetuándome?– los había experimentado durante algunas cóleras verdaderamente santas, en temores igualmente benditos, y en el rayo –el primero– que pasó de los ojos de un joven a los míos, en nuestro intercam-

El rostro y el fondo son tan rojos que todo el cuadro parece una placenta secada al sol.

En el museo de Colonia no hay mucho espacio para retroceder. Hay que colocarse en diagonal, en una esquina. Fue desde ahí que lo miré, pero con la cabeza hacia abajo –la mía– vuelta del revés, si se quiere. La sangre se me subía a la cabeza, pero ¡qué triste era esa cara risueña!

Es a partir del momento que despersonaliza sus modelos, cuando elimina todo carác-

bio de miradas. En fin, en esta mirada que pasó del viajero a mí. Lo demás, todo lo demás, me parecía efecto de un error óptico provocado por mi propia apariencia necesariamente trucada. Rembrandt fue el primero en denunciarme. ¡Rembrandt! Ese dedo severo que aparta los oropeles y muestra... ¿qué? Una infinita, infernal transparencia.

Sentí entonces un profundo disgusto por aquello hacia lo que iba, que no sabía y que, gracias a Dios, no podía evitar, y luego una gran tristeza por lo que de mí iba a perder. Todo a mi alrededor se desmoronaba, todo se pudría. El erotismo y sus furores me parecieron definitivamente recusables. ¿Cómo ignorar, después de la experiencia del vagón, que toda forma encantadora, si me contiene, soy yo mismo? Aho-

ter identificable de los objetos, que les confiere el mayor peso, la mayor realidad.

Ha sucedido algo importante: al mismo tiempo que reconoce el objeto, el ojo reconoce la pintura como tal. Y ya no saldrá de ahí. Rembrandt ya no lo distorsiona tratando de confundirlo con el objeto o con el rostro que pretende representar: nos lo presenta como una materia distinta, sin vergüenza de ser lo que es. Libre de los campos arados de la mañana, humeantes. Aún no sé qué gana el es-

ra bien, si yo quería recuperar esta identidad, cualquier forma, monstruosa o amable, perdía su poder sobre mí.

«La indagación erótica –me decía– sólo es posible cuando asumimos que cada ser tiene su individualidad, que es irreductible y que la forma física la expresa a ella, y sólo a ella.»

¿Qué sabía yo sobre el significado erótico? Pero la idea de que yo circulaba en cada hombre, que cada hombre era yo mismo, me causaba repugnancia. Mientras que todavía por un tiempo si cada forma humana era lo suficientemente bella –con la belleza convencional– y masculina, conservaba un poco de poder sobre mí, por reverberación,

pectador, pero el pintor gana la franqueza de su oficio. Se presenta en su locura de pintor loco, habiendo perdido la superioridad e hipocresía de los impostores. Esto se notará en los últimos cuadros. Pero ha hecho falta que Rembrandt se reconozca y acepte a sí mismo como un ser de carne –¿de carne?–, de pulpa, de sangre, de lágrimas, de sudor, de mierda, de inteligencia y ternura, y aun de otras cosas, hasta el infinito,

Mujer enferma en la cama, probablemente Saskia, esposa del maestro, c. 1640

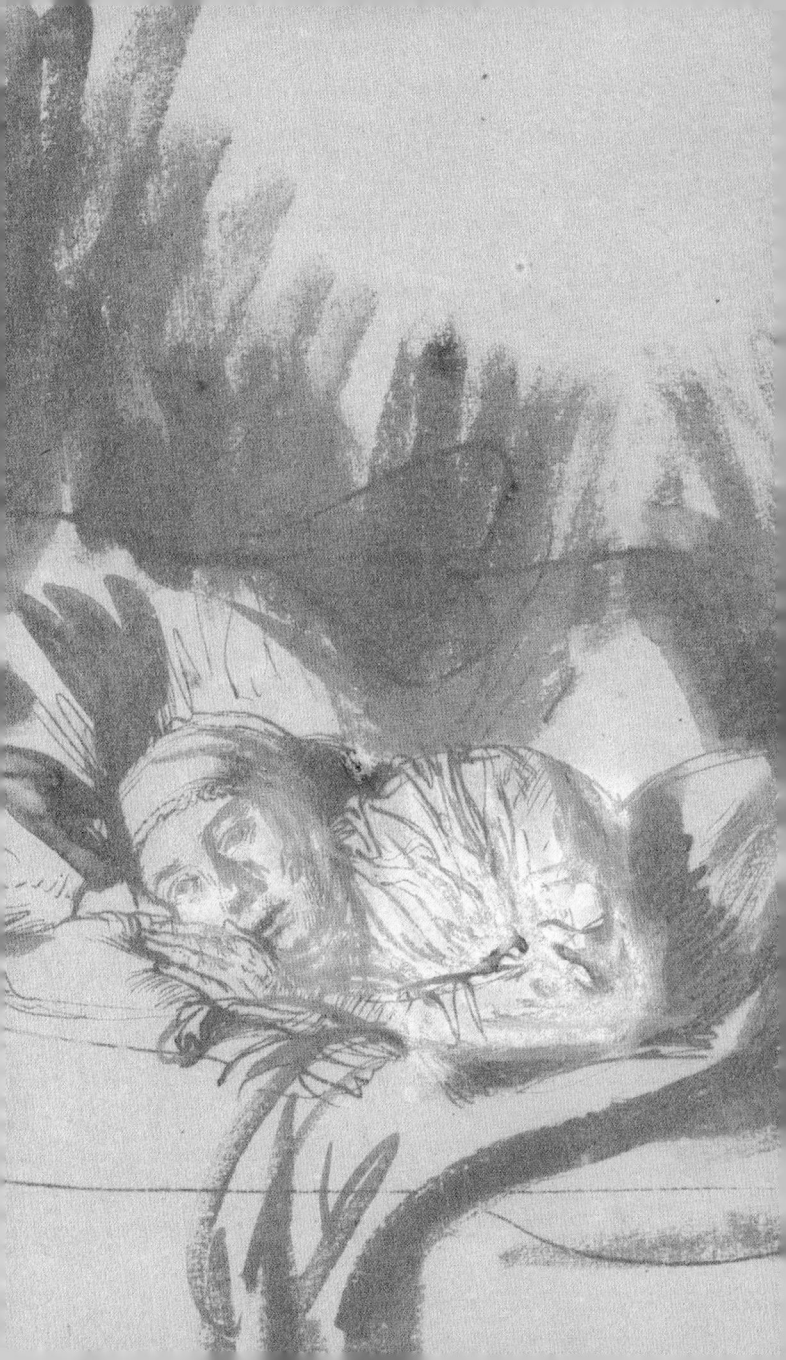

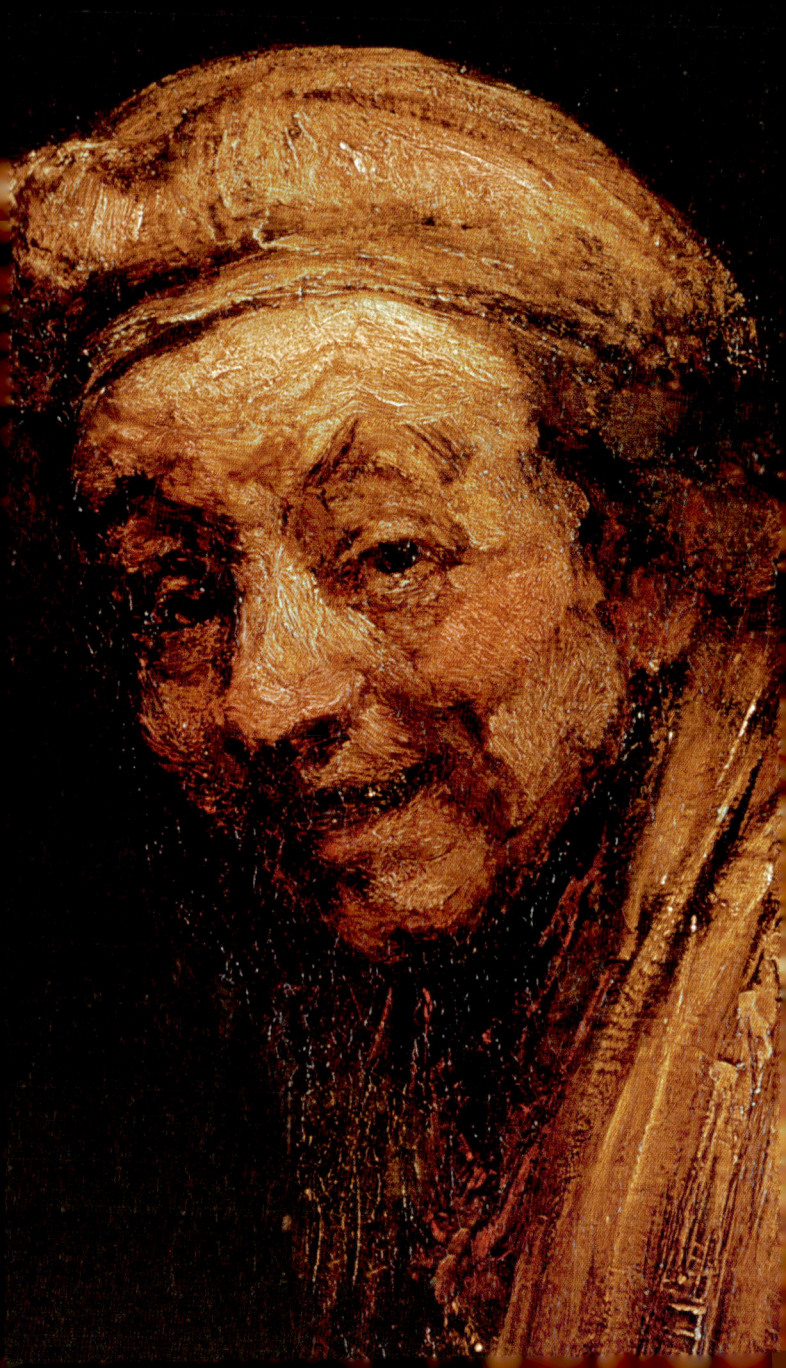

podría decirse. Este poder era el reflejo de aquel bajo el cual había cedido durante tanto tiempo. Un saludo nostálgico para él también. Así, cada persona ya no me aparecía en su totalidad, en su absoluto, en su magnífica individualidad: la apariencia fragmentaria de un solo ser me repugnaba más. Sin embargo, escribí lo anterior sin dejar de preocuparme, entrenado por los temas eróticos que me eran familiares y que dominaban mi vida. Era sincero cuando hablaba de una búsqueda basada en esta revelación de «que cada hombre es cualquier otro hombre y yo soy como todos los demás» –pero sabía que también escribía esto para deshacerme del erotismo, para tratar de desalojarlo

pero ninguna que niegue a las otras, o mejor: cada una saludando a las otras.

Y ni que decir tiene que toda la obra de Rembrandt sólo adquiere sentido –al menos para mí– si sé que lo que acabo de escribir es falso.

Autorretrato (detalle), 1668

de mí, para mantenerlo alejado, en cualquier caso–. Un pene erecto, hinchado y palpitante, entre una maraña de pelos negros y rizados, y después su continuación: los muslos gruesos, luego el torso, el cuerpo entero, las manos, los pulgares, luego el cuello, los labios, los dientes, la nariz, el cabello, finalmente los ojos que llaman como para rescatar o aniquilar los furores amorosas, y todo esto ¿luchaba contra la frágil mirada capaz tal vez de destruir a este Todopoderoso?

Autorretrato, 1659

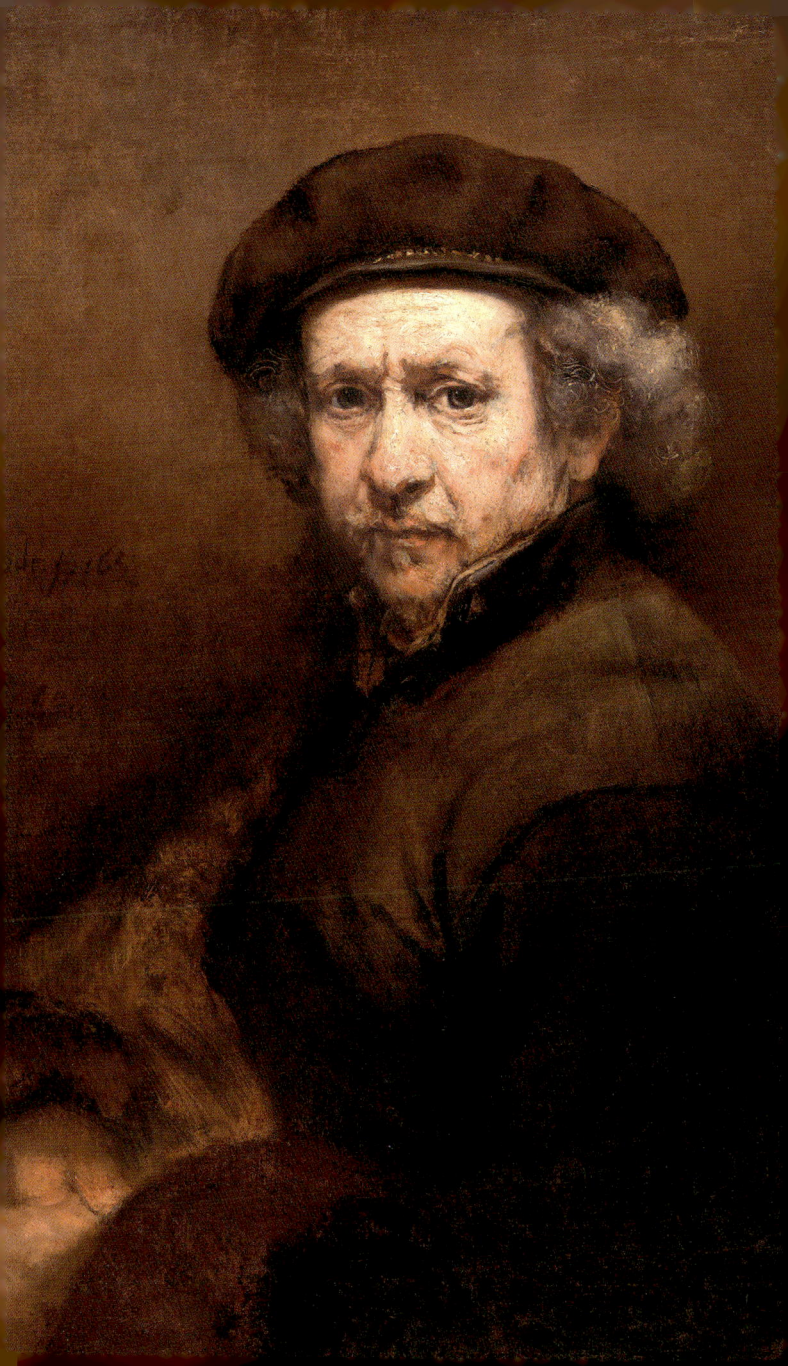

Sobre esta edición[*]

Jean Genet descubre la obra de Rembrandt durante sus estancias en Londres en 1952, Ámsterdam en 1953, luego Múnich, Berlín, Dresde y finalmente Viena, en 1957. Apasionado por su pintura, previó dedicarle un libro, cuyo proyecto le acompañaría durante mucho tiempo, pero sin poder completarlo en vida. Recorramos aquí las diferentes etapas de este viaje.

«El secreto de Rembrandt», el primer texto que dedicó al pintor, fue publicado en *L'Express* el 4 de septiembre de 1958.[1] Ilustrado con nueve reproducciones en blanco y negro de retratos y autorretratos de Rembrandt, es presentado por el periódico como extractos de un «ensayo sobre Rembrandt» que se publicará «al comienzo del año escolar», en Éditions Gallimard. El libro anunciado, sin embargo, no saldrá nunca.[2]

---

[*] Reproducimos al pie de la letra la que se publicó en la colección «L'Arbalète» dirigida por Thomas Simonnet de la editorial Gallimard en 2016.

En marzo de 1964, la revista *Art and Literature*, dirigida por el poeta estadounidense John Ashbery,[3] publica en inglés, traducidos por Bernard Frechtman, dos textos de Genet, uno a continuación del otro, bajo el título «Something which seemed to resemble decay…». El segundo está dedicado a Rembrandt.

Ese mismo mes, la revista *Il Menabò*, dirigida por los escritores Elio Vittorini e Italo Calvino,[4] publica los dos textos en italiano, también uno a continuación del otro, pero titulados: «Il mio antico modo di vedere il mondo» e «Il nostro sguardo». Como puede verse, Genet es reconocido por la vanguardia internacional de los años sesenta y sus revistas, y se aleja un poco más del ámbito sartreano. La secuela lo confirmará.

De hecho, encabeza el número 29 de la revista *Tel Quel* dirigido por Philippe Sollers donde estos mismos textos aparecieron en francés en 1967.[5] El diseño y el título llaman de inmediato la atención, porque Genet hizo dos cambios decisivos para la ocasión: yuxtapone los textos en dos columnas de diferentes tamaños y da un nuevo título al conjunto, «Lo que quedó de un Rembrandt cortado en cuadraditos iguales y tirado por el retrete», que se refiere a un importante episodio de su biografía ocurrido el mismo año de la publicación en italiano e inglés: la destrucción de sus manuscritos, en abril de 1964, después de la muerte de su amigo Abdallah Bentaga, modelo para *El funambulista*. Confiados poco antes a las revistas citadas anteriormente, estos dos textos, por lo tanto, se habrían salvado por poco.

Luego llega el momento de la publicación en forma de libro.

En 1968, el propio Genet incorpora «Lo que quedó de un Rembrandt cortado en cuadraditos iguales y tirado por el retrete» en el volumen IV de sus *Obras completas* publicadas en la colección «Blanche» de Gallimard, donde se respeta la presentación en dos columnas.

En 1979 incluye «El secreto de Rembrandt» en el volumen V de sus *Obras completas*.

Finalmente, en 1995, nueve años después de la muerte de Genet, Éditions Gallimard reúne, bajo la dirección de Laurent Boyer,[6] los dos textos en la colección «El arte y el escritor», acompañados de una selección póstuma de treinta y dos pinturas y dibujos de Rembrandt, reproducidos a color.[7]

Si bien los testimonios coinciden en que Genet mantuvo hasta el final de su vida su pasión por Rembrandt, sabemos poco del proyecto de libro que planeaba. En vida, sus textos sobre el pintor sólo fueron ilustrados una vez, en *L'Express*, con nueve reproducciones en cuya elección no podemos afirmar con certeza que el autor participara. Las ediciones siguientes de *El atelier de Alberto Giacometti*[8] (texto perfectamente contemporáneo de «El secreto de Rembrandt»), a veces con ilustraciones, a veces sin ellas, muestran hasta qué punto el autor dependía de las elecciones de su editor.[9]

En cuanto a una edición ilustrada de «Lo que quedó de un Rembrandt cortado en cuadraditos iguales y tirado por el retrete», la composición en columnas, que permite que cada texto dialogue con el otro, dificulta la posibilidad de un libro de arte (la edición de 1995 había publicado los dos textos consecutivamente y no en columnas). Genet estaba, en 1967, probablemente en otro camino, el ya explorado en los *Fragmentos…* de 1954,[10] de una presentación tipográfica específica (cursiva, cambios de letra de un párrafo a otro, intertítulos, notas que hacen literalmente estallar su texto), o el que intentó desarrollar a principios de 1970 para *La sentence*,[11] con la colaboración del famoso tipógrafo Massin, inventando un sistema único de bloques de texto, columnas y múltiples colores. Por otra parte, la originalidad del diseño de «Lo que quedó de un Rembrandt...» es tan sorprendente que Jacques Derrida la recordará, para componer sobre el mismo principio *Glas*,[12] su libro dedicado a Hegel y Genet.

La cuestión de una nueva edición ilustrada del *Rembrandt* de Jean Genet, aunque él la pidiera, sigue abierta y aún resulta problemática. En particular, al abordarla no podía ignorarse el contexto en que se publicaron estos textos y que se ha tratado de tener en cuenta aquí.

Elegimos, en primer lugar, limitarlo a las obras citadas por Genet en sus textos. Así pues, esta opción de desmarca tanto de la publicación en *L'Express*, que sólo reproducía algunos, como de las *Obras completas*, donde no apareció ninguno, y de la edición de 1995, que ofrecía una selección de dibujos no citados por Genet. Y cuando el texto podría referirse a varios cuadros, hemos privilegiado la reproducción de aquellos que Genet pudo ver, teniendo en cuenta las elecciones iconográficas realizadas por *L'Express*.[13]

Para «Lo que quedó de un Rembrandt…» hemos mantenido la disposición en dos columnas elegida por Genet y reimpresa en sus *Obras completas*. Aunque esta presentación, como ya dijimos, funciona perfectamente sin imágenes, creímos que sería una lástima no incluir las nuevas pinturas que Genet menciona en este texto, tanto para que esta edición sea la más completa posible, como para subrayar la importante evolución de la perspectiva de Genet entre los años cincuenta y sesenta. En «Lo que quedó de un Rembrandt…» ya no comenta los cuadros del artista de forma aislada, sino que los asocia con gran libertad por tema o formato, una decisión que recuerda a la que tomó en 1967 al reunir en dos columnas sus dos textos de distinta extensión y temática.

Thomas Simonnet

Notas

1. Es probable que haya sido el escritor Jean Cau (1925-1993), antiguo secretario de Jean-Paul Sartre y periodista de *L'Express*, el que propuso el texto al periódico. Jean Genet y él eran amigos en esa época.

2. Del proyecto del libro para Gallimard no se ha encontrado rastro. Un manuscrito de «El secreto de Rembrandt» y su dactilografía, treinta folios en total, fueron vendidos el 9 de diciembre de 2014 por la casa de subastas Christie's en París. Allí encontramos un título anterior tachado, «Le Palais de la Chaumière», y algunas variantes, que difieren poco de la versión de *L'Express*.

3. *Art and Literature*, n.º 1, Société Anonyme d'Editions Littéraires et Artistiques, Lausana, Suiza, 1964. La revista se distribuyó tanto en los Estados Unidos, en Nueva York, como en Europa, desde Londres y Ámsterdam.

4. *Il Menabò di Letteratura*, vol. 7-8, Einaudi, 1964. Se recoge aquí el contenido del primer número jamás publicado de la *Revue internacionale*, un ambicioso proyecto de revista en francés, alemán e italiano, dirigido en Francia por Maurice Blanchot y Dionys Mascolo. (Véase «Le dossier de la *Revue internacionale*», *Lignes*, n.º 11, 1990.)

5. Preguntado sobre las circunstancias de la publicación de este texto, Philippe Sollers recuerda haberse encontrado con Genet en varias ocasiones en casa de Paule Thévenin. Es a través de él que la revista publicará dos textos de

Genet en rápida sucesión: «Lo que quedó de un Rembrandt...» en el n.º 29 y «La extraña palabra de...» en el n.º 30. Dos textos que pasarán a la historia de la revista. (Entrevista con Philippe Sollers, junio de 2016.)

6. Laurent Boyer, director jurídico de Éditions Gallimard entre los años 1960 y 1990, fue nombrado albacea por Genet. Fue él quien hizo la elección iconográfica de la obra sobre Rembrandt, cuya edición fue supervisada por Jean-Loup Champion. (Carta de L. Boyer a J. Maglia, 22 de julio de 1994. Archivos Gallimard.)

7. Cabe mencionar también la publicación en volumen aparte de *Ce qui est resté d'un Rembrandt déchiré en petits carrés bien réguliers, et foutu aux chiottes*, en 2010, ilustrado con discretos collages, que debemos a Éditions du Chemin de fer.

8. Primera edición de lujo en 1957 en la revista *Derrière le Miroir* de la Galerie Maeght, acompañada de reproducciones de dibujos y litografías de Giacometti. Segunda edición de 1957, sin ilustraciones, recogida junto con otros tres textos, por Éditions de l'Arbalète. Tercera edición de 1963, ilustrada con cincuenta y ocho fotografías en blanco y negro de Ernest Scheidegger, publicada también por Éditions de l'Arbalète. Cuarta edición, sin ilustraciones, en 1979 en el volumen V de las *Obras completas* publicadas por Éditions Gallimard.

9. Una subasta reciente de la biblioteca de Olga Barbezat (Drouot, junio de 2016) sacó a la luz un recorte de *L'Express* de Marc Barbezat, fundador de la colección «L'Arbalète», donde encontramos indicado con precisión de la mano del editor el origen de los cuadros reproducidos. Lo que sugiere que, a pesar del anuncio de una publicación por parte de

Gallimard, éste consideró la posibilidad de publicar él mismo este texto.

10. Primera publicación: revista *Les Temps Modernes*, n.º 105, agosto de 1954. Reimpreso en *Fragments… et autres textes*, Gallimard, 1990.

11. Jean Genet, *La sentence*, Éditions Gallimard, 2010, reproducción facsímil del manuscrito.

12. Jacques Derrida, *Glas*, Galilée, 1974. Traducción española: *Clamor - Glas*, La Oficina, 2015.

13. Los nueve cuadros reproducidos en *L'Express* son: *Retrato de Saskia riendo*, 1633; *Retrato de un niño*, 1650; *La madre de Rembrandt leyendo*, 1629; *Retrato de un hombre con sombrero de plumas*, 1635-1640; *Busto de un hombre con traje oriental*, 1635; *Retrato del artista por sí mismo en San Pablo*, 1661; *Homero (dictando a un escriba)*, 1662-1663; *Retrato de Hendrickje Stoffels*, 1654; *Autorretrato*, 1668.

Museu Nacional d'Art de Catalunya: un itinerario

Artur Ramon

ELBA, 2015

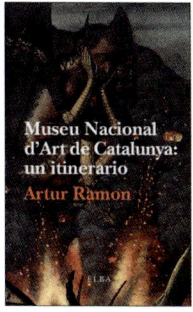

El miércoles 5 de septiembre de 1934, Pablo Picasso visitó el Museu d'Art de Catalunya en Montjuïc, antes de su inauguración oficial. Es una de las últimas cosas que hizo antes de abandonar nuestro país para no volver nunca más.

Picasso llegó con el cabello medio despeinado, la cara sofocada y aquella expresión suya tan característica. Le esperaba Joaquim Folch i Torres, el entonces director, junto con una comitiva del Museo y algunos periodistas. Folch i Torres le hacía de cicerone, pero Picasso apenas escuchaba: no le interesaba el flamante edificio, sino su contenido.

La figura maciza del maestro malagueño pasaba rápidamente por las salas del nuevo Museo, ansioso por ver las pinturas murales, y al llegar frente a las de la iglesia de Sant Climent de Taüll, la obra maestra del Museo, mientras el director le explicaba la técnica mediante la cual los frescos habían sido trasladados desde su emplazamiento original, Picasso concluyó: «Esto es lo mío».

ARTUR RAMON

Ver y saber

Bernard Berenson

ELBA, 2019

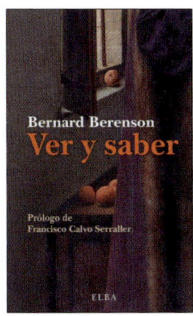

No queda más que una salida del laberinto en el que andamos tropezando a ciegas: seguir la tenue luz de la razón, que nos devolverá al compromiso entre «ver» y «saber», entre las percepciones de la retina y las visiones conceptuales, que constituye la base del arte visual como función eterna de la naturaleza humana. El estudio en profundidad de las abstracciones y conceptos puros sólo puede llevar a la matemática pura. Un ilustre pionero de tan sublime disciplina me aseguró que su práctica le proporcionaba visiones y éxtasis inimaginables. Por desgracia, la matemática más abstracta escapa a la comprensión de quienes no dominan su lenguaje, algo que sólo está al alcance de unos pocos, mientras que, con algo de esfuerzo y preparación, todo el mundo puede entender las artes visuales y comunicarse con ellas.

Bernard Berenson

ISBN: 978-84-128073-9-4

Composición: RPS Grafic

Impreso en Romanyà Valls

Depósito Legal: B. 1849-2025